AF283872

LAS DESVENTURAS DEL ZOCATO, EL TÍO LA GOMA

ExLibric

MARIANO VALLEJO GARCÍA

LAS DESVENTURAS DEL ZOCATO, EL TÍO LA GOMA

EXLIBRIC
ANTEQUERA 2024

LAS DESVENTURAS DEL ZOCATO, EL TÍO LA GOMA

© Mariano Vallejo García
© de la imagen de cubiertas: Mariano Vallejo García
Diseño de portada: Dpto. de Diseño Gráfico Exlibric

Iª edición

Editado por: ExLibric
c/ Cueva de Viera, 2, Local 3
Centro Negocios CADI
29200 Antequera (Málaga)
Teléfono: 952 70 60 04
Fax: 952 84 55 03
Correo electrónico: exlibric@exlibric.com
Internet: www.exlibric.com

ISBN: 978-84-10076-68-6
Depósito Legal: MA 129-2024

Impresión: PODiPrint
Impreso en Andalucía – España

Nota de la editorial: ExLibric pertenece a Innovación y Cualificación S. L.

MARIANO VALLEJO GARCÍA

LAS DESVENTURAS DEL ZOCATO, EL TÍO LA GOMA

Ocurrió en Fuente Vaqueros, La Remonta, Toledo, Barcelona, Madrid y algunos sitios más.

Agradecimientos

A todas las gentes de buen corazón y sentido de justicia que tratan con respeto a aquellas personas que, por circunstancias congénitas o adquiridas durante su vida, presentan unas cualidades y comportamientos diferentes.

¡Defender la alegría!

Índice

Guía de lectura

Al escribir estas páginas, lo primero que quiero destacar es la emoción y el entusiasmo que significa para mí dar a conocer estas hazañas o desventuras, como yo las llamo, que en el desarrollo literario es una tragicomedia de mi tío y las cosas de mi pueblo, pueblo al que quiero con sus luces y sus sombras.

A la hora de leerlo puedes comenzar por donde quieras, cada episodio tiene su principio y su final, si bien los ordené por sus zonas de paso.

Los episodios que narro son los más significativos, trágicos o divertidos. He querido que el lector se traslade a los tiempos en que los hechos ocurren y describir las circunstancias personales, familiares y sociales que rodearon la vida del Zocato. Así, en la introducción describo cómo fue su vida, dónde nace, cuál es el ambiente de su niñez, su adolescencia y su madurez. No podía dejar pasar la oportunidad de escribir este libro, sin dar a conocer detalles del pueblo donde yo también viví una infancia feliz, rodeado de una vega maravillosa y unas gentes en su mayoría extraordinarias. También he querido mencionar la íntima relación de sus gentes con el agua y la tierra.

Yo te recomendaría leer primero alguno de los episodios con los que supongo y deseo que te sientas atraído, y si luego si quieres profundizar en las causas y sus entresijos, te sumerjas en los apartados de la introducción.

Gracias.

Introducción

¿Dónde y cómo nació?

«Hasta que no lo he conocido, siempre pensé que las historias que nos contabas sobre tu tío eran exageraciones y, en muchas ocasiones, fruto de tu enfebrecida imaginación».

Esta frase me la han repetido los amigos a los que, antes de conocer personalmente a Manolo, les había hablado de sus hazañas.

Nació en Fuente Vaqueros, en el Camino de las Islas, en la casa llamada El Ventorrillo, situada enfrente del cine de Emilio Mesa, que era el cine del pueblo. La mimbre que había en el corral daba al cine de verano y, desde ahí encaramado, Manolo veía las películas sin pagar la entrada.

Era de las últimas casas saliendo del pueblo.

Un extenso corral se abría tras la humilde casa, con un gran hijuelo[1] en su parte trasera que vertía el agua a la acequia que pasaba junto a él.

Su madre, Pilar, tuvo un parto complicado que duró muchas horas, pero al final nació un niño fuerte. Con el tiempo, se pudo deducir que aquel prolongado parto pudo ser la causa de que naciera un niño *distinto*.

«Posiblemente en nuestros días o en un ambiente cultural y económico favorable que aportara en su desarrollo una educación especial, habría conseguido una vida más normalizada», me decía Germán, un amigo del pueblo, pintor de casas y de cuadros, amante de las tertulias, comprometido políticamente y buen critico social.

Enrique, Germán y Huertas en sus amenizadas tertulias

—Mira, Mariano, si tu tío fuera tonto se le podría engañar; si fuera listo, le podrías convencer, pero es que... ¡como no es ni una cosa ni otra!

Tenía Manolo buen sentido de la justicia. En algunos aspectos su capacidad de recepción estaba por encima de la media. Rápidamente captaba a los impresentables que se mofaban creyéndose superiores a él, o entraba en sintonía con aquellos que con él se divertían. Así, establecía muy buena comunicación con los niños, los animales y las personas inteligentes. Por mi edad creo que yo estaba incluido en el grupo de los infantes. Nos reímos mucho mucho, yo en particular como con nadie en mi vida.

Siempre que te encontrabas a alguien cuando salías por la calle en el pueblo había que contar algo que nos hiciera reír, una broma, una expresión exagerada, un chiste... Era algo de obligado cumplimiento.

Valga de ejemplo, entre tantos otros, esta anécdota:

Un día de niebla y frío, estaba con mi tío y dos vecinos del pueblo en la puerta de la bodega, justo donde paraba el tranvía.

Refiriéndonos estábamos al frío, cuando uno de ellos dice:

—¿Frío? ¡Qué pollas! Esto no es *na*, frío el que teníamos en Alemania cuando estaba trabajando en las remolachas, que se quedaba el guante tieso y no podíamos doblar la mano.

—Ya... —refiere el otro—. ¡Chas qué pollas, eso no es *na*! Frío el que teníamos en Suiza cuando estaba en la verdura, que meábamos y el chorro se quedaba congelado de punta, como si estuviera clavado en la tierra.

—Ya —dijo Manolo, para no ser menos que los contertulios—. ¡Cha qué pollas, eso no es *na*! Frío frío el que teníamos en Francia en la vendimia, niño, que íbamos a hablar y se te quedaban las palabras *congelás* en la boca.

A esto, mientras hablaba, se acompañaba de tales gestos que parecía que le salían de la boca cubitos de hielo con la palabra escrita.

Tenía un carácter salvaje, si bien con muy poca o ninguna malicia. Era como un niño grande, así que, a sus treinta y cuatro, y yo a los doce, teníamos una mentalidad parecida. Después a mis trece, catorce, quince... Según yo progresaba en mis conocimientos académicos, se iba abriendo entre nosotros una distancia de aprendizaje, ya que él no conseguía pasar del libro de caligrafía.

Padre, Hijo, Madre y Manolo en la calle Yerma

Copiaba, copiaba y copiaba textos, como una manera más de que en su cabeza se quedara prendido el significado de aquellas frases; pero, a pesar de sus esfuerzos y el de los que estábamos cerca, nunca consiguió aprender a leer ni a escribir.

Recuerdo con gran añoranza y tristeza cuando me decía: «¡Marianito, a mí me gustaría ser listo como tú!».

Él era consciente de que tenía limitaciones, ¿por qué si no los demás aprendían a leer y a escribir en pocos años y él llevaba toda una vida intentándolo y no lo conseguía?

No pude decirle, aunque debí hacerlo, que en muchas cosas él era el sabio y debíamos aprender bastante más de él.

Se comunicaba con los animales como si fueran personas: los acariciaba, les reñía, gastaba con ellos bromas, a veces se reía o se admiraba con sus reacciones. Esto lo pude observar con gatos, perros, ratones, comadrejas, conejos, gallinas, cerdos, ¡hasta serpientes!, como ya os contaré más adelante.

No sé de qué manera, pero desarrolló un extenso conocimiento sobre plantas medicinales y sus efectos terapéuticos.

Al principio pensé que fantaseaba, pero acabé convencido cuando comprobé en los libros de plantas medicinales su veracidad, si bien él lo decía a su manera: «Mira, Marianito, esto es cola de caballo, que vale *pa* la vejiga del *meao*. Esto es zarajeña, que vale *pa* los nervios...».

Y efectivamente era cierto, ¡es cierto!

Era hermano de mi madre. En el año 1958, cuando murió mi abuela, se quedó solo mi tío Manolo con su hermana Modesta.

Ellos no disponían de medios para tirar adelante y mi madre, como se decía antes, los recogió, es decir, se vinieron a la casa que ya tenían mis padres en la calle Mimbre nº 1. La casa pegaba a un pequeño local donde ellos comenzaron el negocio de las ventas, mi madre despachando y mi padre trayendo los *mandaos* con la bicicleta, aunque tuviese que ir en ella a la ciudad que está a unos dieciocho kilómetros.

Era este local con el que se iniciaron en el comercio, tan pequeño que le llamaban el Puestecillo, y como consecuencia, a mi madre, la María el Puestecillo. Los demás fuimos heredando, como es costumbre en los pueblos, el correspondiente mote. Menos mal que es discreto, porque hay otros que pueden resultar más gruesos al nombrarlos: el Potaje, el Habichuela, el Curica, el Donpez, el Marajamia, el Chato Bolas, etc.

Manolo era izquierdo, así que le llamaron el Zocato, y como a su padre le decían el Tío de la Goma, a él se le conocía como el Zocato el Tío la Goma.

Mi tía Modesta se fue años más tarde a Barcelona con Lázaro su hermano mayor y murió en un accidente. Manolo también pasó temporadas en Can Clos, un barrio junto al cementerio de Montjuic hecho por sus vecinos con el apoyo del ayuntamiento de Barcelona, donde muchos

Andaluces cubriendo aguas en la construcción de sus casas en Can Clos

emigrantes andaluces, con un gran esfuerzo, consiguieron tener una casa digna. Entre ellos se encontraba mi tío Lázaro, que años atrás se había ido a Barcelona para buscar a María la Costeña.

Se había enamorado de ella en la casa familiar de El Ventorrillo, cuando los costeños[2] venían con sus carros y sus vacas para hacer la temporada de trabajo en La Fuente.

Eran otros tiempos. Mi tío Lázaro y María tenían dos hijos pequeños, Antonio y Lázaro. Bastantes años después tuvieron el tercer hijo, Rafa, y allí llegaron Manolo y Modesta, coincidiendo ambos en un periodo de tiempo. Hoy resulta difícil comprender esas ajustadas convivencias, a no ser que miremos a nuestro alrededor a los inmigrantes bolivianos, ecuatorianos, etc.

Para mis primos de Barcelona y para mí era una diversión tener a Manolo en casa; para los padres era un tanto complicado: era un niño grande al que era difícil controlar y en los trabajos que encontraba no duraba más de una semana.

Durante un periodo de tiempo, aproximadamente desde los veintidós años a los treinta, su vida transcurrió entre Fuente Vaqueros y Barcelona.

Hizo otro intento de volver a la ciudad catalana. Tendría unos cincuenta años cuando un día cogió su maleta, echó en ella cuatro cosas, la ató a la bicicleta y se fue a Granada para coger el tren a Barcelona. Dejó la bici atada a una ventana en la calle de la estación y aquella noche tomó el tren correo que tardaba doce horas en llegar a su destino.

A la semana siguiente apareció Manolo de nuevo en La Fuente. Había llegado a Granada procedente de la Ciudad Condal sobre las ocho de la mañana, salió de la estación, tomó la bicicleta, que, aunque parezca mentira, allí seguía atada a la reja de la ventana, sujetó la maleta al portaquipos y puso rumbo al pueblo.

Yo llevaba muchos años recopilando datos, fechas aproximadas, testigos de los hechos, con la idea de que, llegado un día, pudiese escribir estas aventuras o vivencias y dejar constancia de una forma de vivir y de unos lugares que se están perdiendo. Poder sustituir la *tablet*, el móvil o el ordenador por unos instantes de lectura que se asemejen a las reuniones familiares en las que, contando estos y otros acontecimientos, nos riamos y a ser posible nos carcajeemos, como a mí me ocurre cuando los recuerdo.

Así que en este atardecer de mi vida voy a hacer el intento de plasmar en el papel estos relatos.

Quiero también hacer una mención al entorno en el que se desarrolló la mayor parte de su vida, así como la importancia que los habitantes del pueblo le daban al agua.

Intentaré escribirlo lo más parecido a como lo cuento. Para ello es posible que tenga que sacrificar algunas normas gramaticales, por lo cual pido disculpas a los literatos y agradecimiento a todos los lectores.

Espero que te diviertas con estas lecturas. Si puedes, no dejes de visitar los lugares que menciono, nunca te arrepentirás.

El entorno de su vida

Nació el 21 de febrero del año 1931, en el seno de una familia humilde. Humilde de aquellos tiempos, porque, valorados en nuestros días, Manolo estaría en la pobreza infantil. Sus padres padecerían la pobreza energética, la alimenticia, la del vestir, etc.

Cuando tenía cinco años estalló la Guerra Civil en España. Decía Bertolt Brecht: «Después de una guerra, hubo vencedores y vencidos. Entre los vencidos, el pueblo llano pasaba hambre; entre los vencedores, el pueblo llano la pasaba también».

Si además nació en el seno de una familia de los que perdieron, las necesidades se incrementaban. Su padre, Antonio, se ganaba la vida en el mantenimiento de los molinos tallando las piedras.[3] Para que la economía familiar fuese menos precaria, tostaba garbanzos,[4] que vendía por la calle.

Durante esa puta guerra, mi abuelo se refugió en una aldea cerca del pueblo de La Peza y no volvió a la Fuente hasta que la guerra terminó, de manera que la economía familiar se resintió hasta la indigencia.

En un gesto desesperado, mi abuela Pilar encargó a mi madre, María, a sus doce años, y a Manolo, con sus siete, ir a buscar a su padre, con la confianza de que, al ser niños, los militares no se meterían con ellos.

Para el camino, con objeto de que no pasasen mucha hambre, les envolvió un trozo de bacalao en un papel de estraza. La madre Pilar no valoró las circunstancias adversas de aquel viaje: no sabía dónde estaba La Peza y, de la misma manera, ignoraba que, al salir de La Vega, el agua no se encontraba en cualquier sitio, como ocurría en Fuente Vaqueros. Ellos no llevaban ni una botella de agua.

Tardaron tres días en llegar y otros tres en volver. Sobrevivieron por la caridad de las gentes que de ellos se apiadaron.

Entre las personas que les ayudaron en aquel caótico viaje, mi madre y Manolo nos contaban que, en una de aquellas largas tardes en las que el sol se estaba poniendo y en ellos se despertaba el pánico a pasar otra noche al desamparo de la intemperie, una mujer les preguntó a dónde iban. Una vez que los dos niños contaron el objeto de su viaje, la mujer los pasó a su casa, les dio comida y agua, y les dejó pasar la noche bajo su techo.

Recordaban con extrañeza que la casa no tenía puerta y faltaban casi todas las ventanas. Ella les dijo que las tuvo que hacer leña para poder cocinar.

María y Manolo no pudieron encontrar a su padre. Les dijeron que por allí había estado, pero que en ese momento no sabían por dónde andaba.

Fuente Vaqueros está en el centro de la Vega de Granada, en la zona llamada desde los romanos, «el Soto de Roma». Está enclavado entre dos ríos: el Genil por la parte sur del pueblo y el Cubillas por la parte norte.

La Vega está serpenteada por cantidad de acequias y brazales,[5] que abastecen de agua sus fértiles tierras. Es difícil encontrar una piedra en las tierras de cultivo, por lo cual se desprende que son producto de los sedimentos torrenciales de épocas primitivas.

Junto a las acequias transcurren las veredas o caminos a través de los cuales nos desplazábamos, generalmente en bicicleta.

Está situado el pueblo en la zona central de grupos montañosos, que la rodean en un diámetro aproximado de siete kilómetros.

La sierra de Parapanda por el noroeste nos adelanta un apéndice de su núcleo montañoso con la majestuosa silueta del peñón de Zujaira. Por el noreste, los macizos de la sierra de Moclín y Puerto Lope.[6] Al suroeste, la sierra de Alhama perteneciente a las estribaciones de Sierra Nevada.Y al sureste, cubierta siempre de su manto blanco, la gran Sierra Nevada.

Moverse por los caminos o por las veredas, tanto a pie como en bicicleta, se convertía (y se convierte) en un espectáculo para los sentidos. Salir del pueblo o regresar a él llevaba consigo atravesar las espesas choperas, cruzar algún río, muchas acequias, algún brazal, y eso significaba —y en parte significa— atravesar un paraíso parecido a un espacio tropical, tanto por su vegetación como por la cantidad de animales que viven a su abrigo: aves, reptiles, peces, y en aquella época de mi infancia, innumerables ranas, cangrejos. Cuando llovía, que entonces era frecuente, los chopos se llenaban de caracoles que ascendían por sus troncos hacia las copas.

Por todos los caminos y veredas te encontrabas, en los límites de las hazas, cantidad de frutales de todo tipo: membrillos, manzanos, ciruelos, cerezas, higueras, melocotoneros, albaricoques, algunos nogales y las mimbres o sauces. Con las ramas de los sauces se hacían las canastas y se forraban las majuanas.[7]

Los frutales se sembraban en los límites o en las lindes, donde estaban las acequias, de manera que aportaban sombra, oxígeno, sujetaban la tierra para que no la arrastrase el agua de los brazales y eran abrigo de pájaros e insectos que mantenían el ecosistema.

Por cualquier sitio podías tomar una fruta.

Hubo circunstancias locales y provinciales que propiciaron un crecimiento de la economía del pueblo, convirtiéndose en pocos años en uno de los pueblos con un nivel económico y cultural más notables de Granada.

Estas circunstancias favorables a las que hacía mención fueron la construcción de varias azucareras en la Vega, la siembra masiva de remolachas, que era un producto con garantías de venta y el desarrollo de una línea de tranvías que comunicaba los pueblos con la ciudad y a la vez pasaba por varias azucareras como la de San Isidro o la de la Mosca.

Azucarera

En la época de la remolacha, los carros cargados se llevaban a la era *empedrá*, donde las remolachas se trasladaban en grandes vagones que eran transportados por los mismos tranvías.[8]

Cada hora, desde las siete de la mañana a las diez de la noche, salía un tranvía hacia a ciudad de Granada, pasando por Chauchina, El Jau, Santa Fe, el puente los Vados, San Isidro, La Chana, El Seguro y El Triunfo, donde se volvía para La Fuente.

Tranvía pasando por el puente

Hay que añadir que en el pueblo, como se decía, las tierras estaban muy repartidas, a diferencia de otras zonas de la provincia o de Andalucía.

En una época, casi todos los habitantes de La Fuente eran ganaderos. Estos cambiaron de oficio convirtiéndose en agricultores cuando, con el desarrollo de las acequias, las tierras se drenaron, dejando de ser pantanosas y convirtiéndose en un fértil paraíso.

Estos campesinos eran arrendatarios de las posesiones del duque de Wellington, que gestionaba su administrador, instalado en la Casa Grande.[9]

Años después, los habitantes del pueblo fueron comprando las tierras que cultivaban, de manera que casi todos ellos tenían un trozo de tierra para poder ganarse parte del sustento.

Solo algunos podían vivir exclusivamente de sus tierras, así que la mayoría eran, a la vez, pequeños propietarios y jornaleros.

Cuando yo tenía doce años (treinta y cuatro Manolo), el jornal normal era de veinte duros o cien pesetas. Los hombres que cargaban los sacos o las espuertas ganaban algo más.

En el tajo[10] coincidían mujeres gitanas y payas, hombres gitanos y payos, y algunos niños. Casi siempre era ameno el ambiente. Todos hacían comentarios sobre las cosas más variopintas, las conversaciones no se terminaban nunca. Ahora comprendo que aquello nos distraía los sentidos mitigando el dolor del esfuerzo: el dolor de *rabaílla*,[11] el dolor en las muñecas, o en las manos cuando manejábamos la *azá*,[12] el amocafre,[13] la hoz o el pico de la remolacha.[14] Los hombres o los niños aspirantes a hombres, teníamos que demostrar nuestra hombría siendo tan capaces como el que más, y si lo podías superar, te sentías orgulloso.

El ser trabajador era un elemento de prestigio. Si en una cuadrilla, labrando o escardando la tierra, uno se adelantaba, había que ponerse a su altura. Si uno cogía un saco de cincuenta kilos, los otros también. Si lo cogía de cien, los otros también, aunque te deslomases, y hoy sé que aquello eran actos salvajes e innecesarios.

Tampoco podíamos llorar ni manifestar un gesto de sensibilidad, nunca llevar pantalones cortos, no hacer tareas de casa porque eso era de maricones. Era vejatorio pretender a una mujer si ya había tenido novio, aunque fuera el amor de tus sueños.

Ser aspirante a hombre —como podéis deducir— también era para los niños una auténtica carga.

Por cierto, Manolo fue el primero del pueblo que se puso pantalón corto, aparte de llevar camisas muy coloridas y a veces de flores.

Este era, entre otras muchas cosas, el ambiente del pueblo y ahora me viene a la memoria algo extraordinario.

Teníamos en el pueblo un poeta clandestino y reivindicativo que, si bien casi todo el mundo sospechaba quién podía ser, se mantuvo en un moderado secreto. Hacía sus poemas con arte y sentido crítico sobre los acontecimientos locales. Yo quiero hacerle un homenaje recordando parte de su poema satírico al estado en el que, por aquel entonces, se encontraba la carretera.

Carretera de las islas,
la que por la Vega pasa,
acribillada de baches,
donde los charcos son charcas.
Ningún pueblo de la Vega
se te acerca o da la cara,
solo paciente y valiente
Fuente Vaqueros te aguarda
con sus cuatro mil nativos
buceando por la playa
y lanzándote al oído
piropillos de esta traza:
¡Oh, Gran Cañón del Colorado
eternizado en Granada,
Amazonas andaluz,
Venecia de rompe y rasga!

(Poema anónimo de los 60)

El agua y los fuenterinos

Había tal cantidad de agua en el subsuelo que para la instalación de las bombas[15] no se hacían pozos, sencillamente se clavaba un tubo en la tierra.

No había que estudiar el sitio donde hubiese un venero, todo era, en parte sigue siendo, un venero.

Había especialistas en su instalación, como era el Pepillo Lomas, un hombre muy fuerte que puso a golpes de mazo la mayoría de las bombas de las que disponemos todavía en La Fuente.

Los pueblos de alrededor, a pesar de su cercanía, no gozaban de esta posibilidad, así que nosotros nos considerábamos tocados por la divinidad que nos otorgaba el privilegio del agua en abundancia.

Por cualquier sitio del pueblo que fueras te encontrabas con acequias y brazales, con cantidad de caracoles, cangrejos, ranas, también culebras y, a veces, algún pez que en la presa del río se había colado. Los ríos estaban en nosotros muy presentes y siempre había que cruzarlos, bien cuando nos dirigíamos al norte, hacia Valderrubio, o al sur hacia, Chauchina o Romilla o la Paz.

El río era una gran fuente de vida; junto a él se plantaban los chopos de los que se obtenía la madera para hacer cajas y papel.

Había aserraderos junto al río. En ellos se fabricaban cajas para las frutas y verduras, y para las botellas de cerveza, vino o refrescos.

El serrín y material sobrante se utilizaba para los tableros de contrachapado o para quemar en las lumbres de las casas y calentarnos.

Llevábamos las cajas con las botellas vacías a las tiendas o a la bodega y nos entregaban otra con los cascos llenos.

La misma caja duraba aproximadamente un año y luego se usaba para prender el fuego. Las botellas vacías se lavaban en la fábrica y volvían a llenarse.

Quedaban pocos residuos, era más ecológico que el denominado reciclaje que ahora dicen que se hace.

Llegó un día en el que, a los agricultores que sembraban choperas, se les dijo: «Ya no sembréis más chopos, porque se va a retirar el papel de las oficinas y de la Administración pública».

Otros grupos sociocomerciales de esta sociedad (algunos subvencionados por las petroleras), con carteles muy bonitos en colores verde y azul, anunciaban:

Ya no se deben talar árboles porque es un atentado contra la naturaleza, un atentado ecológico.

Sin embargo, es bueno saber que las choperas se sembraban junto a los ríos porque son tierras con mucho limo y son menos aptas para otros cultivos. Se mantenían durante unos diez años y llegado ese tiempo se cortaban y se sembraban de nuevo, de manera que todo el río y los caminos circundantes estaban tapizados de las frescas arboledas que emitían su oxígeno al ambiente. Con sus raíces sujetaban la tierra manteniendo los balates de los ríos y, además, daban cobijo a una espectacular fauna de aves y reptiles que equilibraba el ecosistema. Hoy, como una muestra de civilización, tenemos las eternas cajas de plástico, botellas que se destruyen para el llamado reciclaje, infinitos montones de latas —que también dicen que se reciclan—, se gasta más papel que nunca: papel de cocina, papel higiénico, pañuelos, servilletas, etc., y si te presentas a una oposición, prepara un tocho de innumerables folios que tendrán que valorar al peso porque nadie puede leer.

Las arboledas han disminuido (y con ello su aporte de oxígeno), las aserradoras no existen, la tierra se desertiza, la fauna ha disminuido y nuestra contribución al aumento de la temperatura del planeta es una evidencia.

No fue buena la indicación a los agricultores. Fue un informe torpe, fruto de la más atrevida ignorancia o al servicio de mayores intereses.

Cuando íbamos a trabajar al campo, llevábamos un bocadillo y la garrafa de agua, que llenábamos por el camino en alguno de los hijuelos que abundaban. Recuerdo el hijuelo Valderas, que estaba cerca del camino El Martinete. Hoy sigue existiendo el enorme hijuelo, que es lo que llaman ojo de mar.

Las bicicletas no disponían, como ahora, de un soporte para la cantimplora de agua. Llevábamos la majuana atrás, junto con la azada o el amocafre, dentro de una caja de las de la fruta, sujeta al portaquipos.[16]

Había un soporte especial para llevar el bocadillo que se instalaba sobre la cruz del manillar.

Teníamos maravillosos sitios para bañarnos en verano. En los ríos se construían presas para desviar el agua por las acequias canalizándola hasta las hazas.

Las balsas de las presas en el río acumulaban gran cantidad de agua formando grandes piscinas en las que disfrutábamos del baño.

Todo el cauce del río se desviaba, de manera que este se quedaba casi seco; pero, pasado un kilómetro, ya tenía de nuevo un buen caudal. Nacía el agua con una visible intensidad gracias a las corrientes subterráneas procedentes de Sierra Nevada. Estas proporcionaban al subsuelo ingentes cantidades de agua.

Cuando se hacía una zanja para unos cimientos, a los 60 centímetros ya se inundaba de agua.

Los ciudadanos de La Fuente nos hemos sentido fusionados al agua.

Episodios que sucedieron en Fuente Vaqueros

El cuesco se encontró con el Pipi

Era una noche de invierno, de aquellos días en los que el sonido de la lluvia tras los cristales se alargaba en el tiempo como el monótono sonido de un reloj. A veces se rompía el ritmo con el paso de alguien junto a la ventana, unas voces en la distancia, la conversación de algunos que pasaban por la calle, el ladrido de algún perro o el chirriar de los ejes del carro de bueyes de Merino, regresando a su casa.

Al calor del brasero de picón *nos arrejuntábamos* en la mesa camilla, ya que era el único punto caliente de la casa. Nuestra mirada se posaba en la torre de la campana como un punto fijo que enfilábamos desde la ventana. A veces nos quedábamos aturdidos con el tufo que desprendían las ascuas del picón. De cuando en cuando, movíamos con la paleta el cisco del brasero avivando el rescoldo, y con ello se incrementaba aquel divino calorcito que nos sabía a gloria bendita. ¡Qué trabajo costaba moverse de allí!

Mi madre aprovechaba cualquier momento para sentarse a coser, poner una cremallera, hacer un zurcido, nunca estaba parada. Atendía la casa y la tienda, situada en el nº 1 de la calle Mimbre, que nunca se cerraba. Estaba abierta desde las cinco de la mañana hasta las doce de la noche, en invierno algo menos.

No había domingos ni festivos. Era la tienda de la María del Puestecillo.

La tienda de la María del Puestecillo. De izquierda a derecha, la prima del Zaidín y padres

En las tardes-noches en las que no se podía ir al campo, mi padre salía a tomar un café al bar de Juanito[17] y entraba a la tertulia que el dueño, como buen anfitrión, promovía.

Cuando estaba en casa, casi siempre tenía un Celtas[18] sin boquilla encendido, o dos, ya que con frecuencia se olvidaba del primero. Oía la radio cuando no había nadie para despachar y mi madre estaba enredada en otros quehaceres domésticos.

Mi tío Manolo con frecuencia estaba con su navaja haciéndole punta a algún palo, o puliendo una horquilla para fabricar un gomero,[19] y yo, entretenido haciendo dibujos para las películas que luego proyectaba para los niños, o haciendo algunos deberes escolares: cuentas, leer, escribir... A veces venía a sentarse con nosotros la Rosarito la Churrera, o su abuela, ya que vivían en una casa pegada a la nuestra.

Era entretenido y hasta divertido cuando alguien llegaba y se sentaba con nosotros. De esta manera se contaban más historias o chascarrillos, que amenizaban aquellas largas tardes.

Si durante la tarde, en esos días de lluvia y frío, con las calles inundadas de agua y barro circulaba poca gente, al llegar la noche las calles quedaban desiertas.

A través de la ventana observábamos la luz de la casa del cura, la acera de Paco la Tienda y las pocas luces que pendían oscilantes del pórtico de algunas puertas.

De pronto, llegó a nuestras narices un tufo intenso, que no tenía nada que ver con el brasero, sino con la metabolización de las judías que nos habíamos comido al mediodía.

—¡Bueno! —exclamó mi padre sin más investigaciones.

Pasaron varios minutos, el suceso se repitió, y al rato volvió a repetirse.

—¡Manolo, eres tú! —dijo mi madre.

Él contuvo su gesto, pero no pudo evitar dejar escapar aquella mueca con la que contenía la risa.

Ya comprobada la autoría de los hechos, le dice la María:

—¡Mira, si te pees aquí, salte fuera y deja el olor en la calle, o te pees en la calle y luego entra, *cojoñeles*!

—*Zí*, zí, María, lo que tú digas, ea —respondió él.

A los pocos minutos se levantó Manolo con cierta premura, oímos el pestillo de la puerta abrirse y a continuación un estruendo de aquellos que corresponden a la represión abdominal liberada. A los pocos segundos, Manolo entró en la habitación donde estábamos, dando unas carcajadas de escándalo.

—¿Qué ha pasado? —le preguntó mi padre.

—Ayyyyyyy, jiji, ayyyyyy, ji, ji... Pues que como la calle estaba tan fría solo he abierto una raja de la puerta y por ahí asomé el culo, con la coincidencia de que en ese mismo momento que me pegaba el cuesco pasaba por la acera, pegado a la puerta, el Pipi... ¡y se ha *dao* un repullo de cojones! Luego *ma* dicho: «¡No cierres, Manuel, que *mas pillao* un *güevo*!

El Pipi era un personaje peculiar, además de pobre, como todos lo éramos. Tenía una cojera en una de sus piernas que le limitaba para trabajar en el campo, que era la única actividad en la que te podías ganar un jornal, con lo cual él era de los más pobres de aquellos pobres. Sin embargo, aquella marginación no le impedía ser un hombre ocurrente, lo cual le permitía salir airoso de las adversidades. Con los años pensé que tenía que ser un hombre inteligente.

Un día, que había discutido con su mujer, y como ella le podía en los azares de la fuerza, él, con objeto de nivelar la batalla, se plantó en la plaza del mercado con una chaqueta hecha jirones, a esa hora en que toda la gente del pueblo allí se encontraba, y comenzó a decir en alta voz:

—¡*Mirar, mirar* lo que *ma comprao* mi mujer en los almacenes Los Muñecos de *Graná*. ¡*Mirar, mirar*!

Ella apareció enseguida, dirigiéndose también a la gente:

—¡Es embuste, es embuste! ¡Eres un embustero, mala hora!

—¡*Mirar, mirar*, en los almacenes Los Muñecos!

—¡Embuste, embuste, mala hora!

Hay que decir que, a veces, la incultura se ceba con los marginados y al Pipi le complementaban este apodo añadiéndole de corrido Pipi Pata-Vaca.

Otro día, en el vecino pueblo de Romilla, a unos 4 kilómetros de la Fuente y al que llegábamos cruzando el río por el Vado la Estera cuando había poca agua, o por la Trampa, cuando venía caudal, ocurrió el siguiente episodio:

María hija, pasando por la trampa La Paz

Iba el Pipi subido en su burra por el centro del pueblo. Las calles de barro y agua eran comunes en todos los pueblos de la Vega, y entre charco y charco se capeaban los baches con el cuidado de no resbalar.

Justo al pasar por la puerta del bar —el único bar que había en el pueblo— la burra dio un respingo y nuestro querido jinete se vio sentado en el suelo metido dentro de un charco. Rápidamente, uno que se encontraba en la puerta comenzó a reír y a formar algarabía para llamar la atención de los que se encontraban adentro. Necesitaba que le acompañasen en la mofa:

—¡Ehhhh, venid, mirad al Pipi de la Fuente! ¡Venid, venid! ¡Ja, ja, ja!

El Pipi lo contemplaba sereno e impotente, intentando sobreponerse a la embarazosa situación de ridículo en la que lo estaba metiendo el susodicho bocazas.

Ya, cuando estaban todos en la puerta del bar contemplando y comentando la escena, se acordó el Pipi de un torero que triunfaba en su época llamado Gaona y, al mismo tiempo, le vinieron a la memoria los comentarios que en Romilla se hacían sobre la infidelidad de la mujer del chistoso. Con voz grave y contundente, mirando al respetable, dijo:

—¡Gaona en el suelo y el bicho sin arrancarse!

Las caras se volvieron entonces hacia el presunto astado y a él se dirigieron ahora las carcajadas y las mofas, con lo que, humillado, bajó la testuz y desapareció raudo del improvisado ruedo.

La culebra en la barbería de Flanín

Había una barbería junto a la parada del tranvía, al lado de la bodega de Espinosa, que casi siempre estaba llena de hombres. Era más que una barbería, era un sitio de tertulia, de entretenimiento, de cotilleo, donde se podían pasar unas horas librándose de los fríos de la calle. Cierto era que algunos se pelaban, otros se afeitaban, que era el servicio más frecuente, ya que con las navajas barberas resultaba complicado hacérselo uno a sí mismo (aparte de que valían bastante dinero).

Parada del tranvía. La barbería, a la derecha de los carteles del cine

A veces Flanín[20] ponía la radio cuando había toros, o futbol, o algún acontecimiento reseñable.

Entre el extenso abanico de temas que allí se debatían, se hablaba de que algunos se habían visto sorprendidos por la aparición de una serpiente de grandes dimensiones en las proximidades del Rincón del Pincha[21]. La noticia se fue extendiendo hasta el punto de que la gente no quería ir por aquella zona.

Manolo se quedó con la copla y con frecuencia se pasaba por esas tierras próximas al Rincón, que eran de la familia de mi amigo Amador.

Como mi tío no disponía de recursos económicos, no iba a la barbería con la misma frecuencia que otros vecinos del pueblo, pero a las dos semanas de que la noticia de la culebra se hubiese extendido por todos los rincones se presentó en la barbería de Flanín y tomó asiento en una de aquellas sillas de anea a las que siempre les faltaba algún bocado. El barbero se situaba en la parte media de la pared derecha según se entraba y los clientes o tertulianos se situaban junto a las paredes libres rodeando la habitación.

En aquel día de invierno, Manolo se sentó sin quitarse la chaqueta de abrigo, ni siquiera se aflojó la bufanda. Todavía sentía en sus huesos el frío húmedo de la Vega, que en esos días penetraba en el cuerpo como una púa (tampoco es que dentro hiciera calor, pero era llevadero).

Como siempre, se iban alternando las conversaciones sobre los sucesos del pueblo y aquellas noticias que llegaban de fuera. En esto, Flanín era más docto que la media de sus clientes y, sin interrumpir el movimiento de la máquina de pelar, o el ritmo magistral que su mano imprimía a la tijera, participaba en todas las conversaciones dejando constancia de su sapiencia.

Casi todos los clientes, después de que se hubiesen pelado o afeitado, solían quedarse, sobre todo si la conversación o el chismorreo que en ese momento se debatía despertaba su curiosidad.

En estas tardes de invierno había poco que hacer en el campo. No había televisiones ni otros lugares de esparcimiento, de manera que la barbería se convertía en un espacio lúdico.

Flanín aplicó unos toques con la barrita coagulante sobre los cortes en la cara del último cliente, así como un perfumado masaje con pequeñas guantaditas en el rostro, que sonaban a piel seca y limpia. Eran el colofón de haber terminado la faena. Hecho esto, se dirigió a Manolo y le pregunto:

—¿*Ta* feíto, Manuel?

Manolo le aguantó la mirada esbozando una tenue y pícara sonrisa, consciente de que había llegado su momento de gloria. Ahora tocaba demostrar su valor y arrojo en aquel escenario de divulgación que era la barbería. Con un movimiento lento pero firme, sin apartar la mirada del calvo y eficaz peluquero, fue sacando de la pechera, a través de las solapas de la gruesa y ajada chaqueta, una serpiente de colosales dimensiones, mientras decía:

—¡Anda, afeita a esta!

Presentando la culebra

En un instante se terminó el sosiego. Se organizó un revuelo en el que todos salieron despavoridos atropellándose y tropezando con sus propias sillas. Flanín fue el primero en verse en la puerta con su babero puesto. Todos gritaban lanzando insultos a Manolo, que se había quedado solo en la silla, en parte sorprendido por la reacción tan repentina y desmesurada de los clientes.

La culebra, que hasta ese momento estaba tranquila, se agitó salvajemente, comenzó a silbar y a moverse agresivamente dando dentelladas al aire. Manolo tuvo que soltarla y salir también a la calle, entonces los insultos de los contertulios se incrementaron.

A las voces, salieron algunos de la bodega, que se sumaron al griterío. Los pocos que pasaban por la calle se unieron también para no perderse el espectáculo.

De vez en cuando, alguno abría la puerta y se asomaba para dar crédito a los comentarios. Se encontraba entonces a la serpiente en el centro de la barbería, galopando sobre el montón de sillas, con medio cuerpo levantado, la boca abierta mostrando sus dientes y silbando en señal de desafío.

Llegó el tranvía y allí se unieron los recién llegados para ser también testigos de aquel revuelo. La cosa iba a mayores. Ya comenzaron las mofas y los afectados no dejaban de insultar a Manolo. Alertado por el griterío, apareció el cabo de la Guardia Civil (el cuartel estaba tan solo a cien metros).

Una vez informado de los acontecimientos, pasó a la barbería y se oyeron dos tiros.

La saeta

Una de las anécdotas más populares, o de las que tuvo más rápida difusión, fue el día en el que Manolo cantó, o intentó cantar, una saeta desde el balcón de la Picona.

Se acercaba la Semana Santa y con frecuencia le oíamos canturrear por lo bajini, cosa no muy extraña (lo de canturrear me refiero), pero sí era extraño lo del género musical, que hasta entonces no había ejercitado.

Esta vez cambió sus boleros y rancheras por el cante de las saetas.

El Cristo era el paso favorito del pueblo —además del único—, de manera que, al menos dos semanas antes de la procesión, comenzaban en la iglesia los preparativos. El beato[22] y las beatas se afanaban en acicalar el monumento: cepillar sus púrpuras ropas, sacar brillo a los candelabros que portarían las parpadeantes velas, encargar las flores que lucirían los labrados jarrones, repasar las tablas de la rampa que salvaba los escalones de entrada a la iglesia, revisar el carro que soportaba el paso, las ruedas y la batería que alimentaba los focos que iluminaban al Santo Cristo. Esta instalación, según me contaron, había sido realizada por el Chinito, un mecánico del pueblo que arreglaba coches, motos, tractores y además aperos de labranza.

Manolo también se preparaba. Unos días antes del Viernes Santo le dijo a mi madre:

—¡María, voy a cantar una saeta desde el balcón de la casa!

—¡Eso ni hablar! —respondió ella de forma rotunda.

Ante esta negativa, mi tío movió sus contactos y habló con la Tirulita, que estaba sirviendo en la casa de la Picona en el Barribajo.

Ella le pidió permiso a su señorica y esta, menos conocedora que mi madre de las características de los demandantes, les dio permiso para cantar desde el balcón del piso de arriba que daba a la calle, por la que pasaría la procesión.

Manolo estaba muy contento e ilusionado. Una y otra vez repetía los sones que cantaría el Viernes Santo ante la presencia de sus paisanos.

Y por fin llegó el esperado día. En cuanto anocheció, alrededor de la iglesia y junto a la plaza de abastos, se iban concentrando las personas, así como en las calles previstas para el recorrido.

Todos nos vestíamos con la ropa buena o de vestir, ya que la mayoría de nosotros teníamos la ropa y zapatos de diario (que también se utilizaban para el trabajo) y la ropa de vestir, que nos poníamos los domingos y festivos, (¡bueno, también cuando íbamos a *Graná*!).

Manolo y su comitiva de apoyo formada, por el Modestillo, el Queso y Paquillo la Lucía, habían quedado en la puerta de la Picona, y de allí subieron al piso de arriba acompañados por la Tirulita, mediadora del evento.

De pie, tras la ventana, esperaban con la luz apagada la aparición de la procesión. La emoción les embargaba, ninguno había sido testigo directo ni cercano de un cantaor de saetas y Manolo tampoco las había cantado nunca en un acto público.

—¡Ya viene! —dijo el Paquillo La Lucía.

Miraron de reojo por la ventana, pero sin asomarse para no ser vistos y con ello darle al acto ese toque de misterio propio de estos eventos.

Ya vieron aparecer el estandarte que encabezaba la procesión. Como era habitual, lo llevaba Pajarica. Este vecino del pueblo tenía una limitación en su pierna izquierda y ello condicionaba su caminar e imprimía al estandarte una oscilación considerablemente vistosa. Quince o veinte mujeres, de las ricas del pueblo, desfilaban vestidas de negro, ataviadas con mantilla y peinetas. También dos hombres, igualmente vestidos con traje negro. Uno de ellos nunca faltaba, el Beato.

A continuación, formando las dos filas, se añadían otras muchas mujeres portando en su mano los cirios encendidos, absortas en una acompasada devoción.

Junto al paso y por delante, ocupando el centro de la calle, el juez de paz, el alcalde, el sargento de la Guardia Civil y, tras el paso, el cura don Eduardo *Miracielos*[23] con el monaguillo soportando el acetre del hisopo con el agua bendita. Dos pasos atrás, cerraba la comitiva un tamborilero que habían traído de la ciudad.

Una vez pasada esta, la gente que había estado presenciando la procesión a ambos lados de la calle, se incorporaba a la marcha para acompañar a la imagen, ocupando toda la calzada.

Era una noche oscura, las nubes cubrían el cielo y el alumbrado público consistía en algunas bombillas desnudas situadas a lo largo de las calles; entre el reducido número de las instaladas y las que estaban fundidas o rotas, las calles quedaban sumergidas en una extensa penumbra.

La imagen del Cristo con sus velas encendidas y los focos eléctricos que el Chinito[24] había instalado, irrumpía en la calle como una silueta mágica.

El tambor resonaba en el silencio de la noche imponiéndose sobre el sonido del paso al desplazarse y el ligero murmullo de las gentes.

Llegó el Cristo a la altura de la ventana. Se oyó aquel *quejío* con voz potente, limpia, desgarrada. Manolo emitió su primer «¡aaaaaaaay!». Bastó aquel primer lamento para que el cura mandara parar el paso. El tamborilero quedó atento e inmóvil y la gente dirigió su mirada a la ventana, intentando adivinar quién era.

—¡Aaaaaaaaay! ¡Aaa... aaa... aaaaay!

Aquello iba bien, aquello era bueno.

El travesaño de la cruz quedó a la altura en que Manolo se encontraba. En la penumbra de la habitación, junto al cerco de la ventana, se apreciaba la silueta de su rostro. La gente miraba con atención y curiosidad por identificar a la persona a quien pertenecía aquella voz.

—¡Aaaay... aaa... aaaay!

Entre lamento y lamento, el tamborilero decidió acompañar con un tenue y discreto retoque: ¡tan, tan-trakatán-tan!

—¡Aaaay!

La emoción impregnó los corazones de los asistentes, erizando el vello a los más sensibles, que, entre otras cosas, no solían estar acostumbrados a las saetas en el pueblo.

Aquella expectante devoción impactó de tal forma a Manolo que se quedó bloqueado. Su voz, sin salir del «¡ay, ay, ay!», se volvió quebradiza.

—¡Aa... aa... aa...!

La Tirulita, lista como nadie, que estaba a su diestra, percatándose de la situación, explotó verbalmente:

—¡Pero sigue, sigue!

Manolo se atribuló más todavía y en una reacción automática salió por el palo que más dominaba:

—¡Allá en el rancho grande, allá donde vivííííaaaaaa, había una rancherita, que alegre me decíaaaaaaaaa! ¡Te voy a haceeeer unos *carzones* de los que uuuuusa el ranchero!

Unos segundos duró el desconcierto, a los que siguió una explosión de risas y comentarios:

—¡El Zocato! ¡Es el Zocato!

—¡Ay, viejo, arráaancate! —gritaban algunos desde la calle dirigiéndose a la ventana.

Repentinamente, aquella devoción contenida se tornó en un desmadre de cachondeo. Don Eduardo, con aires de ofensa, ordenó:

—¡Sigan andando, sigan andando!

Diez minutos fue el tiempo que bastó para que, en todo el pueblo, se conociese la noticia, y otros diez para que los que, perezosos, se habían quedado en casa, se unieran a la procesión, que transcurría ya a la altura de la tienda de *Marcimino*.[25]

Yo, que entonces contaría con unos 7 años, estaba de la mano de mi madre entre la plaza de abastos y la puerta de nuestra tienda, justo al lado del puesto de tejeringos de la Rosarito.

Fernando, sobrino Antonio y amigo

Allí vino Manolo sofocado, buscando cobijo para esconderse en la casa. A mi madre, que ya se había enterado de la noticia, se le ocurrió decirle:

—¿¡Qué has hecho que han estado los civiles preguntando por ti!?

Manolo salió de estampida y no supimos nada de él hasta pasada una semana.

Transcurrido ese tiempo, volvió a casa y nos dijo que se había escondido en el cementerio.

—¡Con el miedo que te dan los muertos! ¿Cómo te has metido allí? —le preguntó mi madre.

—Sí, María, ¡pero más miedo me dan los civiles!

El burro enamorado en la puerta de la iglesia

Por la luz que recuerdo y la temperatura, sería un día de otoño a media tarde. Yo iba con mi bici, la primera bici que tuve, una Orbea de color rojo.

Bueno, el tema es que me dirigía a dar una vuelta por el paseo del pueblo cuando, al pasar por el quiosco del Miró, veo a mi tío Manolo con movimientos de inquietud, mirando repetidamente el reloj mientras refunfuñaba y movía la pierna con un vaivén rítmico y acompasado.

—¡Eh! ¿Qué haces? —le pregunté.

—Aquí, esperando al gilipollas del Bolito, *que queao* con él a las cuatro y *tavía na venío*.

De pronto dirijo la mirada al frente y, a unos cien metros, veo al Bolito en el quiosco de Antoñito, con los mismos movimientos de inquietud y hartazgo que Manolo manifestaba.

—Manolo, ¡si está ahí enfrente! —le dije yo.

Él mira y explota en un grito de desahogo:

—¡Bolito, gilipollas, que te llevo esperando aquí desde las cuatro!

—¡Estoy aquí desde las cuatro yo también, viejo! —contesta el otro.

Kiosko del Miro a la izquierda y el de Paquito la Rogelia al fondo a la derecha

El Bolito era uno de sus mejores amigos, le había acompañado en sus intervenciones líricas. Juntos se iban de caza, de caza sin escopeta, ¡claro!, pero siempre traían pájaros, perdices, palomas... También le acompañaba en las recolecciones nocturnas de frutas y verduras.

Tenía más o menos la edad de Manolo y sus niveles académicos también eran parecidos.

Aquel día, querían ir a por pájaros. Había muchos en la Vega por aquel entonces, y en los bares era costumbre poner de tapa un pajarito frito, así que ellos negociaban con los encargados de los bares y conseguían un dinerillo para cualquier cosa, siempre que fuese barata.

Habían quedado en el quiosco, pero sin especificar en cual, de manera que uno estaba en el del Miró y el otro en el de Antoñito los *Helaos*.

—Ya la hora *ques*, ya no nos da tiempo ir a ningún *zitio*.

—Llevas razón, viejo —contestó el Bolito.

Así que se volvieron por la calle de la iglesia a sus respectivas casas.

Al llegar a la puerta del templo se encontraron, atado a una argolla, en la parte próxima a la tienda de Emilio, al burro del Pipi. El animal estaba tranquilo, con los aperos de esparto y tela que su jinete solía llevar como montura.

El Pipi estaba con Salvador el Campanero, el sacristán, que vivía con su familia en una pequeña casa al otro lado de la iglesia. Cuando pasaban por la esquina de la torre de la campana, se encontraron a Pajarica, que iba en su burra de regreso al Barri-bajo.

—Iiiiiiih, *¿ónde* pollas vas? —dijeron ellos, dirigiéndose al jinete en el saludo popular del pueblo.

Pajarica, hombre mayor y tranquilo. les respondió:

—Voy pa la casa, *questá* la burra *zalía* y no quiero que esté *zuerta* por la calle.

El tío Manolo y el Bolito escucharon el comentario acerca de la burra y se miraron al unísono como movidos por el mismo resorte. Parecían haber sincronizado el más profundo de sus pensamientos: sacó el Bolito de su bolsillo un viejo pañuelo que Manolo (siempre más impulsivo) le arrebató de un manotazo y, antes de que Pajarica se diera cuenta, le habían levantado el rabo a la burra y pasado el pañuelo por su húmedo y oloroso sexo. Acto seguido, corrieron raudos en sentido contrario al que traían, hasta llegar de nuevo a la puerta de la iglesia, donde seguía sosegado y atado a la argolla el burro del Pipi.

Una ojeada a ambos lados de la calle fue suficiente para cerciorarse de que nadie los veía y, sin más vacilaciones, se acercaron al tranquilo animal y le pasaron el pañuelo por la nariz. En un primer momento, el burro se tensó como sumido en un desconcierto; a la segunda pasada se estremeció haciendo una aspiración tan profunda que casi se queda con el pañuelo pegado al hocico. Giró la cabeza hacia un lado, luego al otro. Sus ojos, muy muy abiertos, le acompañaban en aquellos movimientos desesperados que intentaban localizar a la portadora de aquella perfumada esencia. ¡Miraba hacia atrás describiendo ángulos por lo menos de 360 grados! Comenzó a rebuznar, ¡iiiiihhhhhh aaaahhhhhhh!, ¡ihhhhhh aaaaaahhhhh! Bajo su tripa apareció una morcilla larga y oscilante. Daba tirones a la cuerda atada a la argolla y respingos, y más rebuznos, y más golpes de pecho con el apéndice colgante. Al escándalo —como siempre ocurre en los pueblos— la gente empezó a salir de sus casas, deseosa de un espectáculo que rompiera la monotonía.

También llegó el Pipi junto con Salvador el sacristán, intentando calmar al animal con la vara de arreo y por desventura también salió a escena quien ellos menos deseaban: don Eduardo el cura, Miracielos.

—¡Esto es una vergüenza! ¡En la puerta de la casa de Dios! ¡Que se lleven a este despojo de animal! ¡¿De quién es este zopenco?! ¡Alabado sea Dios!

Manolo y el Bolito desaparecieron de allí en cuanto apareció el cura, ya que ellos le temían como al juez o a los civiles.

El bueno del Pipi, en buena hora lo diga, no sufrió represalia alguna, ya que Salvador el sacristán medió con don Eduardo, ensalzando las virtudes del dueño del burro, así como su inocencia en aquel acontecimiento.

Las cometas en Cabo Kennedy

Nadie hasta la fecha ha construido cometas como él lo hacía. Era una de sus aficiones favoritas y durante largo tiempo se convirtió en su gran pasión, si bien en ocasiones fue otro motivo de mofa por parte de los *listos*. Se podía entender, ya en la época de las televisiones, que los hombres se fuesen a echar la partida, fumar en el bar hasta casi no verse entre ellos por el humo, beber unos lingotazos, discutir hasta las trancas por su equipo favorito, etc.; pero que un hombre construyese cometas y se fuese al campo para hacerlas volar, ¡eso hacía que pensar!

Tenía a su alcance casi todos los materiales que precisaba: latas,[28] cuerdas, sacos de mejora,[29] harina, agua, papeles, plásticos, alambre, cañas y lo más importante, campo abierto donde volarlas.

La primera vez que tuve contacto con las cometas tendría yo unos siete años. Había observado cómo Manolo en nuestra casa de la calle Mimbre se afanaba en construir una estructura que yo desconocía. Cuando le pregunté qué era aquello, me contestó:

—Una cometa, Marianito.

Aquello caló en el registro de mi memoria sin tener conciencia hasta tiempo después.

Tendría dos metros de altura por uno veinte de ancha y era una estructura de latas atadas con ramales[30] que a mí me parecía el cerco de una puerta. Sobre esta estructura pegaba papeles de estraza con agua y harina, hacía lo que se llamaba una gachuleta[31], que al secarse servía de adhesivo.

Estos papeles eran los que utilizábamos en la tienda para liar los *mandaos*, que era como en el pueblo llamábamos a envolver los productos de la compra.

Se hizo con una larga guita[32] formada por la unión de muchos cabos para sujetar la cometa y otra más corta para formar el contrapeso de la cola.

—¡Vente y verás qué cosa más bonica y lo que sube! —me dijo una tarde de otoño.

Salimos del pueblo por la carretera de las Islas. Manolo llevaba la cometa y un grupo de diez o doce niños de edades similares a la mía le ayudábamos a llevar los distintos elementos, todos emocionados, contagiados de su ilusión.

La idea era encontrar un haza[33] de barbecho, sin árboles, que permitiera efectuar con libertad los movimientos para el despegue, es decir: «¡Corre *pallá*, corre *pacá*, tira, afloja, no tanto!», etc.

Según él, era un buen día: hacía un buen aire.

Cuando pasamos la curva (desde donde sale al camino del cementerio), acompañando al viento comenzaron a caer algunas gotillas de agua, pero cuarenta metros más adelante las gotas se convirtieron en un torrente que nos caía del cielo. El viento arreciaba, de manera que a Manolo le costaba mucho esfuerzo sujetar la cometa. Los papeles de estraza pegados con la gachuleta de harina comenzaron a reblandecerse, despegarse, desgarrase y salir volando, perdiéndose en el espacio.

Manolo se desesperó y comenzó a acordarse de todos los santos que —si bien creo recordar— no eran aludidos de manera favorable.

Encolerizado por tal infortunio, tiró aquel maltrecho esqueleto de palos. Recogió las cuerdas que los niños llevábamos en las manos y nos volvimos para el pueblo a toda velocidad, como perro con el rabo ente las patas.

Años después, cuando mis padres compraron el haza del Hoyo de la Herrera, en el kilómetro 1 de la carretera de las Islas, Manolo instaló en este lugar, de forma definitiva, la base de construcción y lanzamiento de las cometas.

A la entrada de la carretera se construyó una choza amplia, abierta por el lateral que daba al haza. Se hizo con palos, paja de trigo bien sujeta en manillas a los listones y por encima unas rastras de calabaza que completaban la cubierta y conseguía protegernos del calor en verano y del frio en invierno.

El objetivo fundamental era tener un sitio donde se clasificaran y se envasaran los pimientos y los tomates para después llevarlos a la tercena.

Normalmente se sembraban más cosas: un golpe[34] de sandías o de melones, pepinos, calabazas, picantes, etc. para el gasto familiar.

Era una estancia agradable. Con frecuencia la gente que pasaba por la carretera a pie o en bici se paraban a ver la cometa y hacían comentarios generalmente divertidos.

En poco tiempo se le conoció al Hoyo de la Herrera como *Cabo Kennedy*.

El saber popular es sabio y no teníamos nada que envidiar a los americanos.

Es de entender que la choza tenía doble función: almacenamiento provisional de las hortalizas y lugar de descanso.

Para Manolo adquiría otra dimensión, era el punto de creación y lanzamiento *cometil*.

En aquel tiempo en el cual, calculo que Manolo tendría unos treinta y siete años, las cometas se convirtieron en su pasión. No era hombre de bares, ni de toros, ni de fútbol, así que pasaba mucho tiempo dedicado a contemplar cómo se mecían en el aire y cómo hacer para mejorar su rendimiento. Mi padre, que no quería que el haza se inundara de gente con el tema de las cometas, evitaba hacer comentarios favorables al respecto; sin embargo, yo lo observaba mirándolas gustoso y también, de reojo, a Manolo, con cara de satisfacción e incredulidad. La choza, construida para la recolección del verano, se mantuvo años sin moverse; es más, siempre hacíamos alguna mejora. En una ocasión, Manolo hizo una imitación de antena de televisión utilizando un conjunto de cañas. La colocó de adorno sobre la cubierta de la choza.

Era una forma de provocar más comentarios y bromas.

La cubierta de la choza era amplia y de fácil acceso, de manera que allí extendíamos los tomates maduros y abiertos para secarlos.

Mientras estábamos trabajando en la corta, o en la escarda, o en el abonado, la cometa estaba sobre nuestras cabezas a doscientos o trescientos metros de altura, según el viento y el rollo de cuerda del que se disponía. De vez en cuando echábamos un vistazo al cielo y yo creo que todos, en el fondo (aunque ninguno lo comentásemos nunca), nos sentíamos un poco cometa que volaba en el aire, contemplando la Vega desde aquella altura. Es ahora cuando escribo estas vivencias cuando tomo conciencia recordando el gesto de las personas que se acercaban.

En un primer momento su saludo más frecuente era:

—¡Iiiiiiiiiihhhhh! ¡Ay, viejo! ¿Estáis con la polla *eza*?

Luego levantaban la vista y, cuando la localizaban en el aire, su gesto se relajaba y su boca enmudecía por unos instantes. Era el gesto que también se nos marcaba a nosotros. Ellos también se sentían cometa meciéndose con el viento, pero ninguno éramos consciente de ello.

Tengo que decir que ya la tecnología había evolucionado: las latas se cambiaron por cañas, el ramal de atar la estructura por alambre fino, los papeles por plásticos de los sacos de mejora y las cuerdas. Tanto la de sujeción como la de la cola eran de nailon fino y fuerte.

En alguna ocasión, algún listo que pasaba hacía algún comentario burlón. Recuerdo un día en el que estábamos trabajando cerca de la carretera haciéndole punta a unos mechinales de chopo[35] para hacer las joyas[36] de los pimientos y los tomates. A esto pasó uno del pueblo que todos los días repetía lo mismo:

—¡Manolo, ponle un cascabelillo en la cola!

Normalmente Manolo se callaba, aunque captaba el sentido socarrón del comentario, pero aquel día el hacha de Manolo no estaba afilada, rebotaba en los palos dificultando el corte y poniendo a Manolo en situación poco templada, de manera que, en aquel momento y ante el comentario habitual, se irguió en su postura y, señalando con el dedo índice al ciclista, le dijo:

—¡Pónselo tú a tu mujer en la pepita *er* coño!

El ciclista jocoso paró la bici en seco frente a nosotros. Clavó su mirada en Manolo y con un ritmo pausado levantó su pierna para rebasar el cuadro e ir bajándose de la bici. Mientras, mantenía con su mirada aquel gesto amenazante.

El tiempo pareció parárseme. Los escasos segundos que transcurrieron me parecieron eternos. Yo contemplaba la escena junto a mi tío, con un considerable pánico, observando el tamaño de aquel individuo. De pronto, su movimiento quedó congelado cuando oyó a mi tío decir:

—¡Ten cojones y pasa el puente! —Mientras, levantaba su poderosa mano izquierda empuñando el hacha.

El enorme y bravucón ciclista no llegó a poner el pie en el suelo. Como por arte de magia, se quedó inmóvil unos instantes, volviendo presto a su posición inicial y reanudando su marcha en discreto silencio.

Algunas veces en las que el viento azotaba fuerte, se rompía la cuerda y la cometa se perdía en el horizonte. Manolo siempre echaba a correr tras su rastro. A veces volvía con ella satisfecho, aunque presentase algunos desperfectos; otras veces, regresaba envuelto en un halo de maldiciones contra los elementos por no haber podido rescatarla.

Cometas en el Hoyo de la Herrera (Cabo Kennedy), kilómetro 1

Recuerdo otro día en el que estábamos cortando tomates. Hacía un viento perfecto, estable y recio. Manolo puso un tramo de cuerda, enseguida el otro. A doscientos metros de altura el viento seguía siendo estable (digo a doscientos metros porque cada ovillo tenía cien metros).

—¡Hoy sí, Marianito! ¡Hoy sí! —y enseguida tomó el tercer ovillo y lo añadió.

La cometa, según le daba más cuerda se elevaba y continuaba estable, no pedía ningún reajuste en sus cuerdas de anclaje ni tampoco necesitaba más cola para estabilizarse. Quedó suspendida en el aire, mostrándose majestuosa como una gran señora.

Al rato, nos llamó la atención el sonido de una avioneta.

Cuando dirigimos nuestra mirada al aparato, observamos que hizo una extraña maniobra al pasar junto a la cometa. A continuación, dio una vuelta y un par de veces hizo sobre nuestras cabezas un vuelo rasante. Nosotros saludábamos orgullosos intentando corresponder al piloto por aquellas maniobras, que solo podían ser de felicitación, si bien sus gestos eran demasiado expresivos (casi agresivos, diría yo). Años después pude entender que el piloto había estado a punto de engancharse con la cuerda de la cometa.

También hubo —por qué no decirlo— momentos de estima y consideración, como cuando aparecieron allí en Cabo Kennedy dos personas cultas y con dotes artísticas. Llevaban además a sus hijos para interesarse por la construcción y el vuelo de esos artefactos.

Uno era Pepe Salobreña, pintor, escultor y escritor de Fuente Vaqueros, que, aunque realizó sus estudios en Barcelona, acabó asentándose en el pueblo y desarrollando allí su brillante carrera profesional. La otra persona era Pepe Fernández, psicólogo de profesión y profundo estudioso de casi todas las artes plásticas: óleo, acuarela, repujado, esculturas..., y que ha desarrollado una gran actividad docente enfocada a la reinserción mediante su labor creativa. Hombre que sabe captar la esencia de los elementos, exponiendo a nuestros ojos lo que no tenemos la capacidad de ver a primera vista. Gracias, Pepe.

Muchos años después, viviendo yo en Toledo, vino una excursión de La Fuente a esta ciudad, organizada por el ayuntamiento del pueblo. En aquella ocasión tuve el gusto de acompañarlos por algunos de los atractivos lugares que Toledo ofrece.

El amigo Pepe Salobreña, junto a su esposa —responsable de la biblioteca pública de Fuente Vaqueros—, tuvieron el detalle de traerme la foto que abajo expongo y en la cual están precisamente Pepe Fernández y su hijo, el hijo de Pepe Salobreña, Manolo y yo, servidor de ustedes.

Aprovecho para agradecérselo una vez más.

Acompaña a la foto un bonito poema.

AUTÓGRAFO PARA MARIANO

El mundo crea aeroplanos
Programas aeroespaciales
Bien sea el Cabo o la Nasa
Quien invierten a lo grande.

En La Fuente aquí tenemos
Las cometas voladoras
Del saber y de la mano
Del *"Zocato, el tío la goma"*.

Discreto Centro Espacial
Primero en Fuente Vaqueros
Que no contamina a nadie
Y no gasta los dineros.

En días de ventolera
Marianito y otros amigos
Se divierten en la Vega
Con el viento y sus hijos.

Con cariño de tus paisanos de Fuente Vaqueros
Pepe Salobreña
Toledo, 29 de noviembre de 2014

CONSTRUCCIÓN DE UNA COMETA

Os voy a describir cómo construir una cometa infalible que surcará los aires para vuestro deleite y el de aquellos que tengan la fortuna de acompañaros.

Os lo narraré con el proceso que las construía Manolo, así como los materiales que para ello empleaba.

Seguid la narrativa observando los dibujos.

Las cuerdas de sujeción lateral deben ser iguales. La longitud de la del control central es algo mas larga que las laterales, deberá proporcional una inclinación de la cometa entre 35 y 45 grados en función de la intensidad del viento.

La cola sirve para amortiguar o estabilizar el cabeceo de la cometa. Se van atando trozos de plástico de tamaño de un folio mas o menos hasta conseguir una longitud de tres metros. Si cabecea seguiremos añadiendo hasta que se estabilice.

La longitud de la cuerda de control puede oscilar de 30 a 300 metros, depende de la afición que vayas tomando.

Las cañas tensoras las pondremos después del plástico para ajustar la tensión.

Te mecerás con ella, siguiendo el compás que te marque el viento.

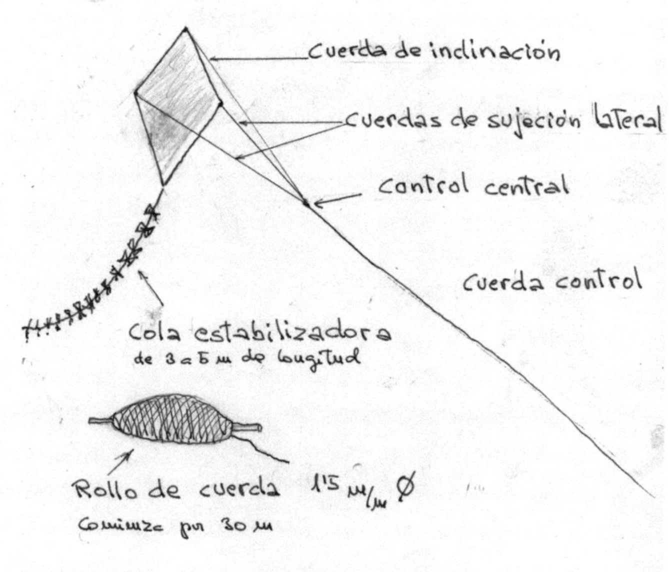
Construcción artesanal de una COMETA
Elementos
Cuerda de inclinación
Cuerdas de sujeción lateral
Control central
Cuerda control
Cola estabilizadora
de 3 a 5 m de longitud
Rollo de cuerda 1'5 m/m Ø
Comienza por 30 m

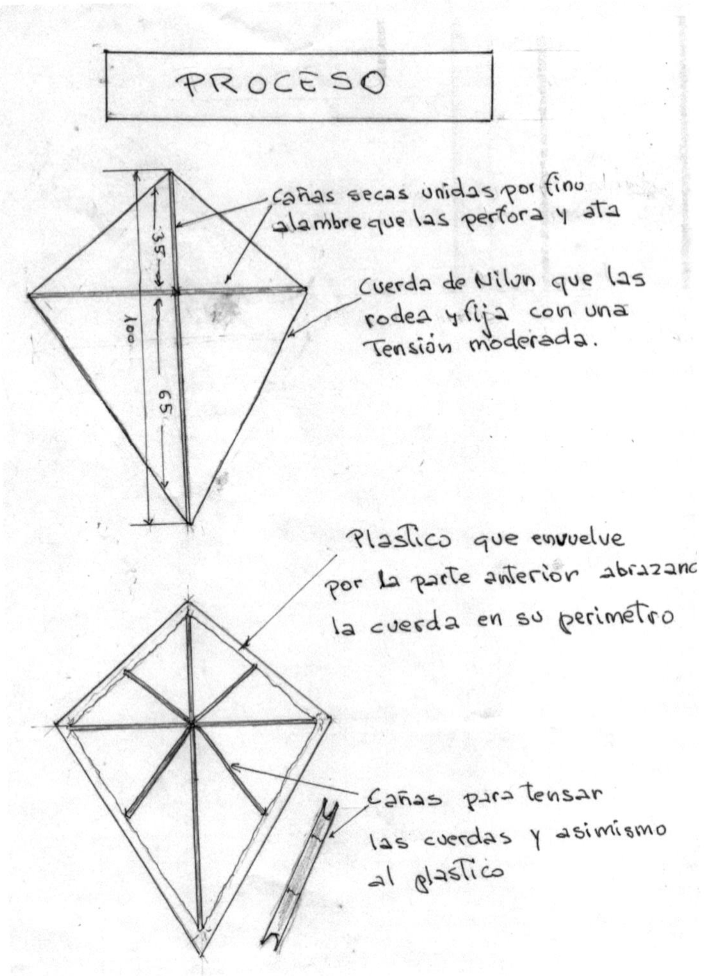
PROCESO
Cañas secas unidas por fino alambre que las perfora y ata
35
100
65
Cuerda de Nilon que las rodea y fija con una Tensión moderada.
Plastico que envuelve por la parte anterior abrazanc la cuerda en su perimetro
Cañas para tensar las cuerdas y asimismo al plastico

Cóctel explosivo en Romilla

A mediados de julio se celebraban las fiestas de Romilla, pueblo cercano a La Fuente. Si ibas por el camino más corto, atravesando el vado del río Genil, quedaba a unos tres kilómetros aproximadamente. Sin embargo, en las épocas de crecida el agua se llevaba el débil puente y había que dar la vuelta por Chauchina. Entonces el trayecto aumentaba hasta unos siete kilómetros.

Romilla tendría en aquel momento unos mil habitantes. En la calle principal y la plaza de la iglesia se montaba el ferial. Se instalaban algunas atracciones, como eran los columpios, los patos, las barquillas o las cadenas.

También solían montar algunos puestos de turrón, de tejeringos, de juguetitos... En un gran apartado que abarcaba el rincón derecho de la iglesia se celebraba el baile.

Eran unas buenas fiestas. La orquesta estaba tocando hasta las dos o las tres de la madrugada. Todo el pueblo se lanzaba a la calle. Había que aprovechar, sucedía una vez al año.

Siempre se estrenaba traje o vestido y zapatos en el segundo día de feria. También se estrenaban calcetines, medias, calzoncillos, bragas...

Los vecinos de los pueblos cercanos acudían al ambiente que se vivía en las fiestas. Los que tenían familia en el pueblo de los festejos se trasladaban esos días a la casa de los parientes y los que no, fundamentalmente los jóvenes, se acercaban alguna noche al baile. Era una de las pocas formas de relacionarse hombres y mujeres y de esta manera encontrar pareja.

Pues allí caminando llegó Manolo con su amigo el Bolito y, como todos, paseaban por la calle principal en esos recorridos de ida y vuelta donde se repetía el mismo trayecto.

Era lo habitual que se hacía (y todavía se hace) en los paseos de tantos pueblos.

—¡Manoooolo! ¿Qué pollas *jaces*?! —saludan, llamando la atención de Manolo, un grupo de jóvenes del vecino pueblo de Chauchina que también habían acudido a la fiesta. Estos eran de los que llamábamos *ricos*. Sus padres tenían posibles y ellos procuraban hacerse notar como gente de dinero.

Acostumbraban, tras tomarse sus vinos, a estrellar las copas en el suelo y de inmediato ponerle al camarero el dinero en la cara para que se cobrase los desperfectos.

—¡Nos alegramos de verte, hombre! Vente con nosotros, que te vamos a *jartar* de tejeringos.

Manolo, captó en sus caras algo que invitaba a la desconfianza, pero por otra parte pensó: «Una *panzá* de tejeringos..., eso no puede ser malo. ¿Cuándo me veré en otra?».

—¡Ehhhh, dale tejeringos a este hasta que se *jarte*! —dijo al tejeringuero uno de aquellos jóvenes.

Manolo comenzó a comer, uno, y otro, y otro..., y no quiero decir (porque pensaréis que exagero) los que se pudo comer, pero os puedo confirmar que, en otra ocasión y en otro escenario, en la churrería de Santo Tomé en Toledo compró cuarenta porras: mis hijos se comieron dos cada uno, yo tres, y el resto se los comió él.

—Manolo, ¿un chocolatito?

—Bueno, si ustedes quieren... —Y se apretó un buen vaso de chocolate para el cuerpo.

—¡Qué! *¿tas queao* a gusto?

—*Mu* bien, niño, *mu* bien..., ¡de cojones!

El grupo de niños ricos se arremolinó en torno a él con miradas de complicidad y socarrona sonrisa en sus bocas. Bocas que mantenían en sus labios los cigarros Philip Morris que con arrogancia lucían.

—Ahora, Zocato, te vamos a dar una *güertecilla* en las cadenas, ¿te parece bien?

—Bueno, bien, bien —contestó él.

Allí llegaron los cinco al pie de aquel carrusel del que colgaban diez asientos sujetos mediante dos cadenas a una rudimentaria y frágil estructura.

En una manifestación más de poderío, aquellos señoritos se dirigieron al hombre que accionaba el mecanismo del carrusel:

—¡Shhh..., eh! No subas a nadie en un rato. Coloca a este en un asiento *dezos* y dale vueltas hasta que nosotros digamos.

Manolo se sentía afortunado. A pesar del recelo que en algún momento le habían despertado los antecedentes de sus mecenas, todo estaba saliendo bien. Y ahora... ¡a darse una vueltecita en las cadenas! ¿Qué podía fallar ya?

Situado en un asiento del columpio, con su cadenita de seguridad cerrando la parte anterior de la butaca —como lo exigían las normas de seguridad—, se dispuso el Zocato a pasar un ratito agradable.

El feriante comenzó a girar lentamente la manivela y la atracción a dar vueltas sobre su eje.

En cuanto tomó un poco de velocidad, la butaca, por la inercia, se inclinaba hacia el exterior, desplazándose de su eje vertical a la vez que se elevaba.

—¿Qué tal vas? —le preguntaron.

—Bien, bien, *mu* bien —respondía.

Qué a gustito aquel paseíto, con la barriga llena y viendo la feria por encima de las cabezas de los que rodeaban la atracción.

El feriante, a indicación de los cuatro jóvenes, incrementó el ritmo del manubrio.

Pasados unos minutos...

—¡Maestro, ya! ¡*Yastá* bien, maestro! ¡Ya! —Gritaba incómodo.

—*Zigue, zigue*, hasta que nosotros te digamos, ¡cojones!

—¡Maestro, ya! ¡*Mestoy* mareando!

Los riquillos comenzaron a reír y a gesticular reclamando la atención de los paseantes para que participaran de aquel espectáculo al que ellos invitaban.

—¡No pares, dale a *ezo*, tú dale fuerte hasta que te digamos nosotros!

—¡Maestro, para, que me estoy poniendo *mu* malo! ¡Maeeeeestro, para!

Para los espectadores era todo risas, carcajadas y burlas. Mi tío Manolo, abrumado, no por sentido del ridículo (que en aquel momento era lo que menos le preocupaba), sino por lo removido que sentía su estómago, seguía gritando.

—¡Maestro, para, para! ¡Maestro, por la *Vigen*, *questoy mu malo*!

El del manubrio estaba encelado en el giro y mantenía el ritmo pensando en las pesetillas extras que, con la propina de los señoritos, se iba a llevar.

—¡Ya no puedo más, no puedo más!, ¡maeeeeeeeees-trooooo!, ¡Ahhhhhhhhhgg..., aaaaahhhhhhhgggggg...!

Manolo comenzó a vomitar en avalancha tal mezcolanza de chocolate, agua, churros a medio digerir junto con otros contenidos gástricos que no pudo terminar la frase, si bien en su lugar dejó de manifiesto la veracidad de su angustia.

Tal como miraba al feriante pidiéndole clemencia, le soltó una bocanada de aquella sustanciosa mezcla que le segó la cara y el pecho. A continuación, se volvió al respetable público que rodeaba el carrusel y, entre el impulso reflejo de su abdomen y la fuerza centrífuga del columpio, repartió como un aspersor otra abundante dosis del contenido de su estómago.

Las cadenas o el guitona en las fiestas de Romilla

El gentes presentes, entre los que se encontraban *sus mecenas*, se quedaron bloqueados, sin saber cómo ni de qué forma tan repentina les había llovido aquello en sus trajes recién estrenados. Cuando quisieron reaccionar retirándose y lanzando insultos a Manolo, ya estaba de nuevo el Zocato sobre sus cabezas, dándoles otra pasada como a modo de recuerdo en una segunda vuelta.

El columpio se fue parando progresivamente, mientras el de la manivela se limpiaba. Los niños ricos desaparecieron y cuando Manolo, tambaleante, consiguió bajarse del asiento, el feriante se dirigió a él, le puso la mano en el hombro con cara de indignación y, mirándolo fijamente a los ojos, le exigió que le pagase las vueltas que le había dado.

—¡*Ze* las cobras a *ezoosss*, aahhhhhhhaaggggg, oooggggggggg, plooozz!

Ayudando al Novillo a reparar su tejado

—¿Has visto a mi tío? —pregunté a Pepito el hijo de la vieja la Gitana, que estaba en la puerta del Trébol.

—Hace un rato que iba *pa* los Fogariles con el Novillo. Llevaban unas tablas en la mano para arreglar algo de su tejado.

Con Pepito y con toda su familia estoy emparentado desde que mi madre lo bautizó (fue su madrina). Para ellos yo soy el hijo de la María la *Comae* y ellos son para mi familia, los hijos de la Vieja la *Comae*.

No estaba lejos, así que tomé el camino de los Fogariles. Nada más pasar la nave de Manolo de la Rosa, apareció a la derecha el brazal que limitaba con la minúscula casa del Novillo.

Enseguida lo vi sobre el tejado que, en su punto más alto, llegaría como mucho a dos metros y medio. La parte baja del frontal alzaba solo unos centímetros por encima de la puerta.

La choza casa del novillo

Era el Novillo un hombre de poca estatura y pocas carnes, elementos favorecedores para estar sobre aquel frágil tejado hecho de tablas y plásticos.

Me fui acercando y desde lejos le pregunté:

—¿Está ahí el Zocato?

—Ahí dentro está —me respondió él.

Continué avanzando y, tras sortear una pila de tablas, palos, latas y plásticos que ocupaban toda la entrada, me situé ante la puerta de la casa, que estaba abierta. Cuál fue mi sorpresa cuando veo a mi tío subido encima de una caja, con una tabla en la mano que intentaba dar al Novillo a través del agujero que había en el techo.

Bueno, hasta aquí no hay nada sorprendente, pero sí lo que pude observar a continuación: junto a Manolo estaba una hija del Novillo, quien con una mano sujetaba una tabla para pasársela al Zocato y la otra mano se la metía por la bragueta. Ella, que era una joven muy bonita, se desternillaba de risa y Manolo también. Ambos tenían una moderada incapacidad, se reían como unos niños traviesos a los que le estaban haciendo cosquillas.

—Niña, que te va a ver tu *pae*.

Pero aquello se ve que le añadía cierto morbo a la situación, con lo que se incrementaban sus risas y sus cómplices gestos.

Ni se dieron cuenta de que yo estaba en la entrada, así que me di media vuelta y les dejé en aquel divertido disfrute.

Según me iba, oí que me decía el novillo:

—¿No lo has visto?

—No, es que me he acordado de que tengo que hacer una cosa. Luego lo veré.

El entierro llegó cuando él estaba regando

Como cada tarde de verano, Manolo se acercó al almacén del ayuntamiento. Allí, al lado de la tienda de los veinte duros, sacó una llave a través de la camisa donde, pegada a su pecho, pendía colgada de una guita para evitar pérdidas. Abrió la gran puerta de chapa del almacén y se dirigió a la carretilla, en la que cargó la gran goma de regar. Cogió el útil para abrir las llaves de paso situadas en algunos puntos de las zonas principales del pueblo y su rojo mandil plastificado para no mojarse con los chorreos de la manguera.

Una vez hecho esto, salió con la carretilla, cerró serenamente la puerta del recinto y echó la llave con una ligera flexión del tronco, para no tener que descolgarla de su cuello.

Era todo un ritual. Él sabía que era la manera de que nada se le olvidara.

Tenía la costumbre de comenzar por la plaza del Campillo, lugar donde hoy en día se encuentra el ayuntamiento y la fuente del agua. También aquí se encontraba la bodega de Espinosa, la barbería de Flanín y la parada del tranvía.

Conectó la manguera, la extendió a lo largo de la plaza, acodó la parte próxima a la boquilla fijándola con una goma y abrió la llave de paso.

La manguera se tensionó con la presión pareciendo tomar vida. Estaba en su punto.

Manolo, con decisión, se dirigió al extremo, sujetó bien la boquilla, quitó la goma que mantenía la manguera acodada y como un cañonazo se enderezó lanzando a distancia aquel maravilloso volcán de agua.

A mi tío le encantaba regar el paseo, le hacía sentirse importante. Además, luego le caían algunas perrillas con las que costearse alguna cosa.

—Manolo, iiiiiiihhhhhhhhh, ¡adiós, viejo! —saludaban los paisanos al pasar.

Todo transcurría con normalidad, como una tarde más. Las gentes comenzaban a asomarse a la calle tras el refugio de la siesta.

El chorro de agua al caer sobre el suelo levantaba unas ligeras bandas de polvo que, segundos después, quedaban aplastadas contra la superficie. De esta manera, las calles quedaban preparadas para pasear en el atardecer y la noche. El agua sujetaba la tierra y daba frescor.

En las calles que no eran principales eran los vecinos los que se encargaban de regarlas. Las mujeres se afanaban con los cubos de agua fresca sacada de las bombas y con una habilidad manifiesta —a golpe de mano— iban repartiéndola por las zonas cercanas a sus puertas.

Viniendo de la calle Las Casillas se oía un rumor de gente y el sonido de muchos pasos que se acercaban. Efectivamente, en unos minutos apareció en la plaza la comitiva de un entierro: seis hombres, con rostros compungidos y vestidos de negro, portaban un féretro. Tras ellos don Eduardo, con casulla y estola, repartía las bendiciones y el agua bendita, cuyo recipiente llevaba un monaguillo vestido con casulla de encaje transparente.

Tras ellos, mujeres y hombres vestidos de luto, mezclaban sus lágrimas con los rezos dirigidos por el cura.

Manolo sabía qué hacer. Como siempre que alguien se acercaba, o pasaba algún coche, desviaba lentamente la manguera para no originar ninguna incomodidad a los vecinos.

Por eso, él estaba doblemente pendiente de a dónde se dirigía el chorro de la manguera y de lo que ocurría en las proximidades. Estaba totalmente centrado y su mirada se abría como un abanico, en lo que se podía describir como un objetivo gran angular.

Pero en esta ocasión, antes de que Manolo pudiese reaccionar y poner en marcha su protocolo para estas situaciones, se oyó la voz contundente, enérgica, bravucona de: «¡Un listo!».

—¡Manolo, corta la goma, cojones!

Manolo se atribuló y comenzó a vacilar con movimientos de desasosiego. Miraba a un lado, a otro: «¿Dónde tengo el útil, la carretilla?, ¡¿dónde, dónde?!».

El entierro pasando junto a la fuente el agua

—¡¿Es que no más *joío*, Zocato?!

La comitiva ya estaba cerca...

Azarado del todo por las reprimendas del *listo* y sin poder controlar el orden de sus pensamientos, Manolo soltó la manguera en el suelo, cogió la palanca de cierre y se dirigió rápidamente al sitio donde estaba la llave de paso.

La manguera, libre de la mano del Zocato, comenzó a oscilar como una serpiente liberada de su captor y el agua comenzó a barrer las piernas de los participantes en el sepelio, sobre todo las de aquellos que encabezaban la comitiva y que portaban el féretro. Intentaban zafarse de aquellas acometidas desplazándose a uno u otro lado, pero aquello fue a más...

La serpiente —quiero decir la manguera— se encabritó: ya no solo oscilaba, sino que se levantaba del suelo.

Eran bocanadas de agua sin control, había para todos: los del féretro, los familiares, los acompañantes, para el cura, para el monaguillo...

El féretro oscilaba y se balanceaba como el Cristo de Cuenca en la Procesión de las Turbas.

—¡Ehhhhh! ¡Ahhhhh! ¡*Cuidao*! ¡ZOCAAAAAAATO!

—¡Ya, ya...!

El chorro cedió y la goma quedó relajada y tendida sobre el suelo de la plaza.

Manolo miraba la escena mientras sostenía la palanca de cierre, sin dar crédito a los que sus ojos habían contemplado.

Debut fallido en la emisora parroquial

Hubo un tiempo en el que tuvimos en el pueblo una emisora parroquial. Estaba situada junto a la Torre de las Campanas. A la gente del pueblo le gustaba oírla porque se daban algunas informaciones sobre los acontecimientos que de vez en cuando ocurrían a nivel local, como bodas, defunciones, bautizos, acontecimientos religiosos, etc.

Conectaba con otras emisoras de alcance para los noticiarios, pero lo más atractivo para el pueblo eran los discos dedicados. Mandábamos una notita a la emisora y nos ponían la canción deseada, así como si queríamos dedicársela a alguien.

Y lo más de lo más era aquel espacio radiofónico en el que se presentaba a un cantante en directo. Era un día a la semana en la programación de tarde.

Generalmente era gente de La Fuente, pero a veces venían de otros pueblos. Suponía para los radioyentes una gran expectación y por eso era el espacio con mayor audiencia todas las semanas.

Una tarde de aquellos largos días de invierno, en la que el tiempo en la calle era tan desapacible que no venía nadie a la tienda, estábamos sentados en la mesa camilla oyendo la radio. Nos acompañaba, como tantos días, la Vieja la Churrera.

La monotonía se rompió cuando de aquella Telefunken negra colocada en su tablita junto al estabilizador salió la siguiente noticia:

«A continuación, Manuel el de Fuente Vaqueros, va a interpretar para ustedes *Reloj, no marques las horas*.

Nuestra sorpresa fue mayúscula, de manera que nos quedamos absortos sin poder pronunciar palabra.

Sonaron unos ligeros toques de guitarra propios de las maniobras del temple del instrumento y un poquito de carraspeo, también propio de la puesta a punto de aquella garganta.

Mi madre se puso en guardia (Manolo no le había dicho nada).

—¡Este chiquillo la va a liar, que no hace más que darme disgustos!

Comenzó con:

Reloj, no marques las horas,
porque voy a enloquecer.
Ella se irá para siempre,
cuando amanezca otra vez…

Su voz estaba algún tono más agudo que cuando la cantaba Lucho, sin embargo iba bien, iba muy bien. Mi padre animaba y mi madre cambió el gesto sin llegar a creerse del todo lo que, a nuestros oídos, era una evidencia: estaba cantando muy bien.

Reloj, detén tu camino,
porque la vida se acaba…

Cuando llegó a la siguiente estrofa (como él nos contó después), se le trabucó la lengua y así cantó:

Haz esta noche perpeeeuta…

Ya no pudo continuar más, se oyeron las risas de la pareja de locutores y de alguna gente más que solía estar presente en estas audiciones.

Manolo y su guitarrista, desolados, salieron discretamente escaleras abajo.

Ya nunca más repitió su incursión en las ondas.

Términos y expresiones del vocabulario fuenterino

1.- *Hijuelo.* Nacimiento de agua (en cualquier sitio del campo se podía elaborar uno en pocos minutos; después solo había que esperar a que el agua se aclarase).

2.- *Costeños.* La gente que vivía en la costa. Estos concretamente venían del Morche y de Conejito, localidades cerca de Torrenueva.

3.- *Mantenimiento de las piedras de molino.* Para que los antiguos molinos fueran efectivos, las grandes piedras que aplastaban el grano tenían que mantener una serie de rugosidades. Se utilizaba para ese labrado un pequeño martillo de una gran dureza que, manejado por hábiles manos, conseguía la efectividad de las piedras.

4.- *Garbanzos tostados.* El tueste se hacía con una sartén situada en unas trébedes sobre el fuego. La sartén se llenaba de yeso (sí, el yeso de construcción) y sobre el yeso se vertían los garbanzos crudos, previa corta cocción del día anterior.

5.- *Brazal.* Acequia grande.

6.- *Puerto Lope.* Conocido como «el Puerto», es la zona por la que se accede al pueblo de Moclín. Nuestro poeta Lorca lo describe en *Yerma* cuando relata el viaje de la protagonista a la romería del Cristo del Paño, santo de la fertilidad.

7.- *Majuana.* Damajuana o garrafa de cristal forrada de ramas de mimbre.

8.- *Tranvías.* Durante muchos años fueron la vía de comunicación más importante con la ciudad de Granada. Llevaban a los estudiantes, a los trabajadores, a los comerciantes, etc. Allí te encontrabas los canastos de frutas, verduras y demás mercancías que traían los comerciantes de La Fuente. Las mujeres que iban a desrabar los ajos portaban latas de conserva llenas de ascuas humeantes para amortiguar el frío. Las gitanas situaban bajo los asientos sus enormes canastos de caracoles que llevaban para vender en la puerta del mercado de Granada. Los cestos iban tapados con hojas de árboles, pero, en cuanto se descuidaban, teníamos a los caracoles subiendo por los asientos.

El viaje en tranvía, era como un bullicioso día de mercado.

9.- *Casa Grande*. Era una gran casa construida de ladrillo inglés con el mismo estilo de la Casa Real o Casa del Duque.

Estaba situada en el espacio que ahora ocupa el ayuntamiento.

Era el centro administrativo desde el que se gestionaban las rentas de las tierras por el poderoso José O'Lawlor y O'Brennan.

Este personaje era gobernador militar de Granada cuando asesinaron a la luchadora por las libertades, Mariana Pineda, mediante garrote vil, en la plaza del Triunfo.

10.-*Tajo*. Era el lugar del trabajo. Casi todos los pequeños propietarios de las tierras de La Fuente eran algo así como autónomos y jornaleros.

11.- *Rabaílla*. Se refiere a la zona dorsolumbar que suele resentirse cuando se realiza un esfuerzo agachado de forma mantenida.

Dicho popularmente «dolor de riñones».

12.- *Azá*. Azada.

13.- *Amocafre*. Escardillo de mano. Tenía distintos tamaños y formas. Había de punta y de pala. Se utilizaban para la escarda y la siembra.

En su mayoría, la construcción de estas herramientas corría a cargo de Alfonso el Herrero, que allí, en el arrabal de la acequia, con una pequeña fragua y ayudado por su hijo (también llamado Alfonso) hicieron los mejores amocafres que se han conocido en la Vega.

Me enorgullece, en nuestros días, tener un amocafre de mi padre con las iniciales A.M. grabadas, que le hizo su amigo Alfonso Maldonado.

14.- *Pico de sacar remolachas.* Las remolachas eran grandes y su peso acompañaba al volumen. Estaban metidas en la tierra como una muela en la encía y sacarlas requería un gran esfuerzo.

Utilizábamos una herramienta con dos picos en forma deV.

Pico de arrancar remolachas

15.- *Bomba.* Era lo primero que se ponía cuando se hacía una casa.

Se diría que era la fuente de vida: podíamos lavarnos, cocinar, lavar la ropa con su correspondiente tablilla, ¡claro!

Era el primer sitio al que acudíamos cuando en los días de calor llegábamos a casa. Lo que más echábamos de menos cuando viajábamos. Estaba tan presente en nuestra mente que formaba parte del léxico de nuestras exageradas expresiones: «Voy para el patio, que tengo una sed que me bebía una bomba», decía mi hermana.

Mi hermana

16.- *Portaquipo*. Portaequipo.

17.- *Trampa*. Puente sobre el río, hecho con palos y tablas.

En los tiempos de lluvias, coincidiendo con el deshielo en Sierra Nevada, los ríos crecían de tal manera que se desbordaban, llevándose las trampas y anegando las tierras.

Por estos endebles puentes se pasaba andando, en bicicleta o en burro (siempre que este fuese tranquilo).

La alternativa era dar la vuelta por Chauchina, pero la distancia y el tiempo se multiplicaba.

18.- *Bar de Juanito*. Era el bar que ocupaba el espacio en el que hoy se encuentran el Bar Andalucía y El Prado.

Para entrar había que bajar un escalón. La barra estaba situada enfrente de la puerta de entrada, y en la pared, un póster del equipo de fútbol del Atlético de Bilbao.

Fue el primer póster de fútbol que la mayoría de los niños del pueblo vimos. Además, comentaban los hombres que todos sus jugadores eran españoles, así que muchos aficionados del pueblo simpatizaban con el Atlético de Bilbao.

19.- *Celtas*. Era el tabaco más popular que se fumaba. Los había con boquilla y sin ella.

Había otros, como el llamado «caldo de gallina», que eran los Ideales (estos se desarmaban para envolverlos de nuevo). Llegaron después los Peninsulares y otros.

En el estanco vendían otros rubios, que eran el doble de precio, como Bisonte, Philip Morris, Winston y algunos mentolados.

20.- *Gomero*. Era el nombre con el que llamábamos al tirachinas.

21.- *Flanín*. Era el mote con el que se conocía al barbero. Se decía que era igual que el chino que aparecía dibujado en los sobres para hacer flan.

Cuando me puse a comprobarlo, descubrí que había un error: en los sobres de Flanín el Niño había un niño dibujado y en los sobres del Flan Chino Mandarín es donde estaba dibujado el chino que, por su calva y su cara redonda, se parecía al barbero. Aquella sabiduría popular se ve que no quiso intervenir en rivalidades propagandísticas y le puso el mote fusionando los dos artículos.

22.- *El Rincón del Pincha.* Era un terreno propiedad de la familia de mi amigo Amador. Un lugar mágico. Estaba como a cien metros del Río Pinos (Cubillas), junto a la Barra o acequia grande que pasaba al lado de la Casa Real (casa del duque de Wellington). Era un espacio en el que las riadas habían provocado una gran depresión del terreno, por lo que, durante todo el año, se creaba una pequeña laguna. Según te acercabas se oía el croar de miles de ranas, el piar de innumerables pájaros y, al llegar, aparecía ante ti una imagen pantanosa de aguas verdes por la abundancia de algas. Si hacíamos el más mínimo ruido, podíamos ver cómo las tortugas se sumergían en el agua y los patos alzaban el vuelo, junto a las palomas, los gorriones, los jilgueros... Era una auténtica jungla rodeada por altos y frondosos sauces y robustos cañaverales que dificultaban la visión de algunos rincones. Estaba la zona arropada por la proximidad de las choperas, que siempre han sido un gran refugio para la abundante fauna.

23.- *El Beato*. Era el calificativo con el que se conocía a un vecino del pueblo que siempre estaba en misa.

Tendría entonces cuarenta y tantos años, y siempre vestía de traje y chaleco oscuros. Cuando se acercaba a recibir la hostia, siempre lo hacía con la cabecilla inclinada a un lado, en una demostración de humildad.

24.- *Miracielos*. Era el apodo que le adjudicaron al cura, de nombre don Eduardo, por la costumbre que tenía de ir mirando al cielo mientras sujetaba sus manos entrelazadas en la parte posterior de su cuerpo.

25.- *Chinito.* Apodo con el que se conocía a un mecánico del pueblo que tocaba todo lo relacionado con la mecánica y casi todo conseguía arreglarlo.

Era la envidia de los que ya de pequeños amábamos los motores. Hubo un tiempo en el que desfilaba por el pueblo sobre una enorme moto con un pistoneo grave y lento que nos resultaba divino para la vista y el oído.

Después pude averiguar que sería una B.S.A de 500 cc; pero, para los que estábamos acostumbrados a ver las motos de 50 o 125 cc, aquello nos parecía de otro mundo.

Otra vez apareció con un FORD americano, un enorme coche blanco y azul con un poderoso reprís que asombraba a los vecinos. Más tarde decidió ponerle un motor Perkins de gasoil, por aquello de reducir los costes de mantenimiento, pero el coche perdió su encanto. Ya no se movía como antes, cuando le empujaba el motor original de gasolina con ocho cilindros.

26. *Marcimino.* Era un hombre tímido y de expresión contenida que tenía una tienda en el barrio bajo en la que vendía artículos no perecederos: botones, cintas, alpargatas, zapatos Gorila (que venían con su verde pelotita de goma).

Su nombre era Maximino, pero nos resultaba más fácil llamarle así.

27.- *Iglesia.* Me encontré un día con Ian Gibson en la plaza de Zocodover de Toledo. Tras recordar algunos momentos del día en que nos conocimos, un 5 de junio en Fuente Vaqueros (aniversario del nacimiento de Lorca), este me comentaba:

—No te olvides de que la primera iglesia de tu pueblo y el cementerio fueron mandados construir por Richard Wall, que era irlandés como yo, y al que Carlos III le había regalado inicialmente esas tierras del Soto de Roma.

Después fueron donadas por las Cortes de Cádiz a *sir* Arthur Wellesley, primer duque de Wellington, en agradecimiento por su ayuda contra los franceses en la Guerra de la Independencia Española.

28.- *Latas*. Palos limpios de 3 o 4 cm de diámetro y una longitud de 1 a 4 o 5 metros.

29.- *Mejora*. Abono para las plantas.

30.- *Ramales*. Cuerda rústica de esparto.

31.-*Gachuleta*. Sustancia viscosa, generalmente pegajosa.

32.- *Guita*. Cuerda fina, generalmente de cáñamo.

33.-*Haza*. Se refiere a un trozo de terreno cultivable (nosotros lo pronunciamos con jota, por eso decimos la *jaza*).

34.- *Golpe*. En este caso se refiere a un punto de siembra.

35.- *Mechinal*. Palo de chopo de cuatro, cinco o más metros de largo y de un grosor entre 10 y 13 centímetros más o menos.

36.- *Joya*. Semillero en el que germinan las plantas para ser trasladadas al huerto.

Episodios en Toledo

Manolo por Toledo

Vivía yo, por aquellos años, en el paseo de la Virgen de Gracia, en el bajo de una casa que me era muy entrañable y mágica, al límite de lo que fue el barrio judío de la ciudad de Toledo.

Manolo a veces se venía a pasar conmigo alguna temporada, que generalmente era de mes y medio o dos meses como mucho. Pasado este tiempo, le observaba cara de morriña y, al preguntarle qué le pasaba, me respondía:

—Marianito, me quiero ir ya...

Yo lo entendía. Siempre, cuando estás lejos de La Fuente, se echan de menos los ríos, las choperas..., en definitiva, aquel paisaje que forman el agua y la tierra, aquel ambiente de pueblo culto con sus gentes luchadoras, alegres y dicharacheras.

De esta manera, la ciudad que me acogió a los diecisiete años y donde llevo pasada la mayor parte de mi vida no se podía quedar excluida de las aventuras y desventuras del Zocato.

Abriendo la niebla en el puente de San Martín

Intentaré describiros, como siempre de la forma más real y fidedigna, los acontecimientos tal y como los viví y también sufrí en el momento en que ocurrieron. Luego, pasado el tiempo, me río al recordarlo, dejando a un lado las situaciones incómodas, que también las hubo, como ocurre en todas las tragicomedias.

Manolo, cuando nos visitaba, necesitaba un periodo de adaptación y Carmen, mi mujer, también. En una ocasión, nada más llegar, y en su papel de ama de casa responsable de la familia, le dice:

—¡Manolo, te tienes que dar una ducha!

—Chiquilla, *zistoy* limpio, *cucha*.

—Ahora mismo se ducha. No te preocupes —comenté yo.

Intercambié una mirada de complicidad con Manolo y él se dispuso a pasar al baño. Inmediatamente, Carmen le proporcionó dos toallas y allí que entró, cerrando la puerta tras él. Durante un rato estuvimos oyendo la ducha con el sonido propio del agua cayendo.

Carmen estaba satisfecha. Al rato se abrió la puerta y salió mi tío con las dos toallas sobre su cuerpo.

—¿Ves qué bien? —dijo Carmen.

—*Que queao* a gusto de verdad, a gusto —y se dirigió a la habitación que ocupaba para vestirse.

¡Menos mal que Carmen no se dio cuenta de que salía con los calcetines puestos tal y como había entrado!

Yo también quería ser moderno y había comprado un teléfono supletorio para tenerlo en la cocina-comedor donde estábamos la mayor parte del tiempo. Este tenía un sonido así como «pi, pi, pi---pi, pi, pi», y hasta que Manolo no lo identificó se pasó una semana buscando al pájaro cada vez que sonaba el teléfono.

Algunos días le dejaba una nota con los mandados que comprar, así como el dinero.

Él iba a la tienda de la calle Las Bulas, entregaba la nota a la cajera y esta le proporcionaba el pedido. Solía llevar la llave de la casa con una cuerdecita atada al cuello, así nos evitábamos las pérdidas o los olvidos. Pero un día, cuando volvió con la compra, la llave no estaba en su sitio. Ya se miró en un bolsillo, ya en el otro, en la bolsa de la compra... No estaba la llave. Así que volvió a la tienda, donde le trataban con respeto y cariño.

Les contó lo sucedido, miraron por la tienda, por el mostrador, por el suelo. No encontraron la llave. Pero ¡qué haría entonces!, se preguntó él. Eran las once de la mañana y yo no volvería del hospital hasta pasadas las tres, así que le sugirieron que me llamase por teléfono desde la tienda.

Ellos marcaron el teléfono del hospital y se lo pasaron a Manolo para que él preguntase por mí. Ring, ring, ring...

—*Ogiaaa, ogiaaa.*

—Espera, que no lo han cogido todavía... —Le decía la cajera.

—*Ogia, ogiaaa.* Clic.

—Hospital Nacional de Parapléjicos, dígame.

—*Ogia*, ¿está ahí mi Marianito?

—Perdón, no le entiendo... Hospital Nacional de Parapléjicos, ¿qué desea?

—Que se ponga mi Marianito... ¡*Ogiaaaa*, mi Marianito, que *me queao* en la calle! ¡Marianiiiito...!

La compañera de la centralita me conocía, pero no con el diminutivo con el que Manolo me buscaba, así que, a pesar de sus esfuerzos por identificar a la persona requerida entre los sanitarios del hospital, le fue imposible localizarme.

Paseo de la Virgen de Gracia en Toledo

Manolo me esperó sentado en el tranco de la puerta hasta que llegué a las tres y media. Tenía la bolsa de la compra en la mano, aunque faltaba media barra de pan.

Al circo en la Peraleda

Llegó el circo a Toledo y, como todos los circos en los últimos años, se instaló en el recinto de La Peraleda.

El viernes por la tarde nos fuimos a la primera función mis hijos Mariano y María, que por entonces tendrían ocho y seis años respectivamente. Manolo, con sus cincuenta y un servidor, con treinta y tantos.

Ocupamos nuestras localidades situadas en la parte alta de las gradas que, al parecer, se correspondían con los precios más económicos, ya que, en aquella época, eran los únicos asequibles para mi maltrecha economía.

Todo debió transcurrir con normalidad, quiero decir con la habitual normalidad del espectáculo, en el que se alternaban los malabaristas, los trapecistas, equilibristas, algún mago que siempre nos dejaba pensando dónde había metido el conejo o de dónde había sacado aquella blanca paloma y, ¡cómo no!, los payasos, esforzándose siempre en hacer reír y participar a los niños.

Tras un número fuerte, de esos que te dejan sobrecogido, vino otro de los llamados de relleno, que, sin que nadie lo imaginase, se convirtió en el más recordado de aquella tarde.

La pista estaba a media luz cuando se oyó la voz del maestro de ceremonias:

—¡Excelentísimas autoridades, damas y caballeros, niños, niñas, querido público! A continuación, tengo el gusto de presentar para ustedes, recién llegados desde Madagascar a... ¡Rooooberto, el asno más inteligente del mundo, y a su protector y cuidador..., ¡Agaaaapito!

La pista fue iluminándose, la orquesta tocó un fragmento épico y ambos personajes aparecieron en escena.

La primera impresión fue decepcionante: al burro daba pena verlo: delgado, huesudo, con el pelo desaliñado allí donde no había una calva; al cuidador hubiéramos podido llamarle maltratador si no fuese porque presentaba el mismo aspecto que el burro.

—¡Damas, caballeros —seguía el maestro de ceremonias—, retamos a alguna persona valiente del público a conseguir lo que nadie hasta la fecha ha sido capaz de hacer.

Comenzó Agapito a darle un paseo al burro en el círculo de la pista y mientras oímos el reto:

—¡Damas y caballeros, aquel que consiga mantenerse encima de Roberto durante cinco minutos será recompensado con cinco mil pesetas de premio! A ver... ¿quién es el valiente que se anima? ¿Usted, usted, usted...?

Por uno de los pasillos que desembocaban en la pista apareció, con paso decidido, un hombre muy delgado con coloridas y ajadas ropas. Agapito sujetó al burro.

—¡Damas y caballeros, ya tenemos un voluntario!

Alentados por el presentador, todos coreábamos:

—¡Valiente, valiente, valiente...!

—¿Cómo te llamas?

—Paco —respondió el voluntario y espontáneo jinete, y sin mediar un segundo se lanzó a la grupa del asno. Fue tal el impulso que tomó que cayó directamente al lado contrario sin ni siquiera rozarle el lomo, como si de un saltador de altura se tratase. Se levantó presuroso y con el aliento del público y el del jefe de pista volvió a lanzarse a la grupa. Esta vez estuvo a punto de quedarse en los lomos, pero cayó de nuevo al otro lado. Una parte del público aplaudía, otros silbaban, el maestro de ceremonias alentaba con sus exclamaciones:

—¡Arriba, Paco! ¡arriba, valiente! ¡Cuidado, cuidado! ¡Ohhh!

El intrépido aspirante a jinete volvía y requetevolvía a intentarlo, mientras se sucedían los silbidos, abucheos, risas y, llegado este momento, pocas palabras de ánimo. De pronto, una nueva persona entró en el círculo de la pista: una mujer rubia vestida de vivos y desajustados colores, con una abundante melena rizada y despeinada. En su mano llevaba un bolso rojo que airadamente levantaba contra la cabeza del valiente Paco, que atemorizado por lo que se le venía encima, comenzó a correr en círculos dentro de la pista. La mujer le seguía soltando mamporros con el bolso cada vez que conseguía acercarse. Dieron tres o cuatro vueltas y tomaron el pasillo que se dirigía a la puerta de salida. El presentador, haciéndose el sorprendido, exclamaba:

—¡Oh! ¿Qué le pasó a don Paco? ¿No pidió permiso a su señora?

Ya se convirtió aquello en un jolgorio de risas y silbidos, pero algunos se quedaron expectantes, y sobre todo yo, cuando veo que por uno de los pasillos que desembocaban en la pista bajaba Manolo. Para él era evidente que se le había cruzado la idea de ganarse aquellas cinco mil pesetas.

Esos pasillos no se encontraban del todo libres: los extremos estaban parcialmente invadidos por riostras clavadas en la tierra, a los que ataban los cabos de cuerda que tensaban las lonas de la cubierta.

Manolo avanzaba con paso rápido y decidido en dirección a la pista. Al mismo tiempo, Paco corría seguido por su mujer, que continuaba levantando el bolso contra él en aquella actitud airada y represiva. Era un recorrido que tenían memorizado de tal manera que el perseguido se permitía el lujo de ir corriendo con la cabeza vuelta hacia atrás y haciendo aspavientos de disculpa a la susodicha fémina. De pronto, conectaron con el mismo pasillo que llevaba Manolo y a la altura de la riostra, donde este se estrechaba, se encontraron de bruces con mi tío. ¡Se dieron un piñazo espectacular! Aún me parece recordar la cara de sorpresa de la pareja esos instantes anteriores al impacto. Como un acto repetidamente ensayado de película de acción, los tres cayeron al suelo enredados en la riostra. Los comediantes quedaron más sorprendidos que Manolo, así que mi tío fue el primero en reaccionar, y sin levantarse del suelo donde los tres permanecían sentados, cogió con la mano derecha la pechera del amigo Paco y con el puño de la izquierda a la altura de su nariz le decía:

—Me *cagonnnn* la... Te daaaba *zin*...

Ellos seguían sin reaccionar. El maestro de ceremonias, petrificado, no pronunció palabra, y de pronto el público estalló en un clamoroso aplauso que obligó a los cómicos a volver al centro de la pista, ahora sí, jaleados también por el animador y arropados por la música. Mientras, Manolo se volvía con nosotros maldiciendo a aquel gilipollas, por culpa del cual él había perdido cinco mil pesetas.

La culebrita en el Hospital Nacional de Parapléjicos

Hospital Nacional de Parapléjicos de Toledo

Ocurrió también otro suceso en relación con las serpientes estando Manolo en Toledo. Algunas temporadas, sobre todo en invierno, se venía conmigo. Un día, me estaba preparando para ir al hospital y, mientras desayunábamos, observaba a Manolo mirarme de una manera que evidenciaba querer decirme algo.

—¿Qué, Manolo? —le pregunté.

—¿Me voy contigo al hospital?

—Bueno, pues vente —respondí.

Salimos en el coche. Él, feliz. Yo, preocupado, pensando cómo iba a entretenerle hasta las tres de la tarde sin descentrarme en mis obligaciones como enfermero.

Tras aparcar, cosa que siempre me era fácil, ya que llegaba de los primeros en cada uno de mis turnos, fuimos a la 2SO del hospital (1). Manolo, tras ser presentado, se sentó en la salita que teníamos en planta para el personal. Yo me puse a oír el parte de incidencias y, de inmediato, escuché a algunos compañeros que preguntaban:

—¿Quién es ese que hay ahí?

Su aspecto era peculiar, con las zapatillas de estar en casa, porque él se sentía más cómodo. Además, como tenía un juanete importante en uno de los dedos del pie, se hacía un agujero con la navaja curva y por allí asomaba el calcetín empujado por el dedo como si fuese una hernia abdominal. Tampoco se quitaba el abrigo, tipo piel de oveja, aunque en la unidad de hospitalización la temperatura rondaría de los veintisiete a los veintinueve grados.

Le dije que se sentara conmigo en la sala de curas para que aquella parte de mis ociosos compañeros que siempre tenían argumentos para estar sentados viendo la tele, comiendo algo o contando todas las incidencias deportivas del mundo mundial, pudiesen ocupar sus respectivos asientos sin la presencia de alguien que limitase sus graciosas espontaneidades.

Sobre las nueve de la mañana, la niebla se estaba disipando y por las ventanas del hospital comenzaban a entrar unos tímidos rayos de sol.

—Voy a dar una vuelta por alrededor —me dijo Manolo.

—Vale, ¡muy bien! —le animé.

Me sentí aliviado: él se iba a entretener y yo podría centrarme en el trabajo.

Sobre las doce más o menos, me encontraba en el pasillo junto a la sala de curas, cuando le veo aparecer por la planta. Venía con aquella discreta sonrisa que siempre encerraba algo bueno, algo que le hacía sentirse satisfecho. Yo le miraba fijamente mientras él se aproximaba, y con mi gesto le decía: «¡Cuéntamelo ya!».

Acercó su boca a mi oído y en voz baja me dijo:

—¡Mira, Marianito, qué bonica! —y sacó de su bolsillo una pequeña serpiente de unos veinticinco centímetros que se le enredaba entre los dedos de una manera suave, tranquila, sintiéndose protegida—. ¡He levantado un tronco junto al río y allí estaba enroscada, muerta de frío!

Estábamos terminando de efectuar las últimas curas, de manera que teníamos el carro con los distintos materiales para tal efecto en la entrada de la sala. A pocos metros de mí se encontraban enfrascadas en una conversación técnica dos de mis compañeras de mañana, Maricarmen la Pelos y Asun.

Yo quise gastarles una exótica y pequeña broma: tomé el rollo largo de esparadrapo e introduje el pequeño y bonito reptil dentro del carrete. A continuación, les pedí:

—Por favor, cortadme un trozo de aquí.

La Pelos hizo la intención de tomar el rollo, pero ya la pequeña cría asomaba la cabeza (yo creo que con la intención de saludarlas)... ¡No os podéis imaginar qué griterío formaron mientras corrían despavoridas por el pasillo hacia la salida de la planta!

¡Mi compañera perdió los zuecos —que entonces los llevábamos con suela de madera—, se le escaparon los bolígrafos del bolsillo, las tijeras también, solo que estas se quedaron colgando de su cadenita, el rollo de esparadrapo rodaba por el suelo y la culebrita también corría asustada, en sentido contario!

¡Y ellas no paraban de gritar y de lanzar insultos y amenazas!

Nunca pensé que sería para tanto, si no ¿de qué se me ocurre a mí?

Manolo rápidamente cogió la serpiente, se la metió de nuevo en el bolsillo y arreó para la calle, donde me esperó hasta el final de la jornada.

El avión se atrancó en la puerta del Cambrón

Por aquel entonces se estaba construyendo la Consejería de Agricultura a unos 300 metros del lugar en que yo vivía. Era un día soleado de aquel seco invierno cuando apareció Manolo con una enorme plancha de poliespán de más de cinco metros de longitud.

—¿Dónde vas con eso y de dónde lo has sacado? —le pregunté.

—Es *pacer* un avión, Marianito, *la cogío* ahí más abajo en la obra *eza* que están haciendo.

Por el tamaño de la plancha, era imposible meterla dentro de casa sin romperla, así que Manolo decidió dejarla enfrente apoyada en el seto de los jardines del paseo Virgen de Gracia.

Al día siguiente yo tenía turno de mañana en el hospital, así que me marché temprano. Manolo se quedó en casa.

Serían aproximadamente las doce de la mañana cuando subió a mi unidad de hospitalización uno de los celadores que estaban en puerta. Estos solían salir a la ciudad para llevar o traer muestras sanitarias, documentos, correos, etc.

Se me acerca el amigo Antonio Gamboa y me dice:

—La que tenía *liá* tu tío en la Puerta del Cambrón... (Es una de las puertas que se encuentran en la antigua muralla de Toledo, a unos 200 metros del monasterio de San Juan de los Reyes).

—¿Mi tío? ¡Qué dices! ¿Qué ha liado?

—Sí, allí estaba atrancado con un enorme avión blanco de poliespán en la Puerta del Cambrón. Él maniobraba, lo levantaba por un lado, luego por el otro, intentaba ponerlo de punta..., pero era más ancho que la puerta y no conseguía pasar. La solución hubiera sido pasarlo de canto, pero no podía sujetarlo.

Según siguió contándome, parece ser que los coches se iban acumulando detrás y, en un principio, todos los conductores miraban con extrañeza lo que estaba haciendo, de manera que permanecían en un expectante silencio.

Puerta del Cambrón en Toledo

Pero, como la cosa se prolongaba en el tiempo, ya saltó el más impaciente, comenzando a pitar. A continuación, se produjo como una competencia de pitadas propias de una ciudad no acostumbrada al aeromodelismo. ¡A ver quién pitaba más fuerte!

—Tu tío, viéndose increpado por esa muchedumbre de pitos y voces, ha comenzado a llamarles gilipollas y ellos a pitar más y más. Total, que ha liado una gresca de tal magnitud que ha terminado viniendo la policía. En cuanto ha llegado el coche patrulla se han dirigido a tu tío a preguntarle qué pasaba y él enseguida les ha dicho: «¡Estos gilipollas, que no hacen más que pitar, no se dan cuenta que no pasa el avión por la puerta! ¡Digo la polla esta gente!».

—Menos mal —me seguía contando Antonio— que la policía se ha dado cuenta de cómo es tu tío y le han dicho: «¡Quite usted eso de ahí, que está bloqueando el trafico!». Él miró primero a un guardia, luego al otro, y arreó para arriba, dirección a San Juan de los Reyes, dejando lo que quedaba del avión esparcido por el suelo de la Puerta del Cambrón.

Mi tío había construido en el jardín del paseo donde vivíamos un gran avión con la enorme plancha que el día anterior había cogido de la obra del edificio de Agricultura.

Quería probar a volarlo —como hacía con las cometas que construía en el pueblo— en un lugar más abierto, así que se dirigió al paseo del Tránsito para tal fin. No contó Manolo con que la escasa anchura de la Puerta del Cambrón (por la que apenas cabe un coche y poco más) iba a impedir el paso de su blanca y ancha creación.

Monitor en los campamentos de verano

Allí también estuvo Manolo.

A través de la asociación de vecinos del polígono Nuestra Señora de Benquerencia de Toledo se organizaban campamentos en los periodos de verano. Los organizaban mis amigos de la asociación. De ellos, podría enumerar una serie de nombres casi inacabable...

Muchos de los jóvenes acampados en aquellos años, enganchados por esa filosofía integral e integradora, terminaron siendo monitores también y contagiando a otros jóvenes en una sucesión permanente.

La filosofía que movía aquel proyecto era conseguir que durante dos semanas los chicos aprendieran y comprendieran que había otras formas de divertirse fuera del consumo al que la sociedad nos arrastra.

Se potenciaba el respeto, la comunicación, los juegos al aire libre, las canciones junto al fuego del campamento. ¡Qué bien suenan los cuentos y las canciones bajo un manto de estrellas!

El campamento era una aventura en la que tanto los niños como los monitores, con la misma emoción, nos sentíamos como Indiana Jones en *En busca del arca perdida*. Nos visitaban expertos en distintas especialidades de la naturaleza, que nos mostraban la fauna o la vegetación de la zona, o nos enseñaban —a través de un telescopio— los nombres de esos astros que en aquellas noches de verano destacaban en el cielo.

El campamento enganchaba y quien probaba generalmente repetía.

También es bueno recordar que las instalaciones en las que nos alojábamos estaban muy bien: dotadas de duchas, servicios, tienda, botiquín y comedores con sus correspondientes cocinas y cocineros.

El hecho de que todo el personal del equipo de monitores fuera voluntario hacía posible que el precio por niño disminuyese considerablemente, haciéndolo asequible para muchas más familias.

Me apunté como voluntario con alguna competencia general y fundamentalmente de sanitario.

Manolo se vino conmigo en algunos de estos campamentos, sobre todo cuando otros compañeros y yo nos responsabilizamos de un grupo de chavales mayores, de entre quince y diecisiete años.

Salíamos del campamento base con las tiendas, algunos útiles de cocina y poca cosa más. Pasábamos varios días haciendo acampada libre y preparando la comida con lo que podíamos comprar en las aldeas que encontrábamos por el camino.

Recuerdo un día, por el pantano de la Toba, en la provincia de Cuenca, en el que no encontramos ninguna aldea donde poder comprar algo de alimento. Así que la mañana se redujo a caminar y agua, agua y caminar...

Campamento de los Palancares, en Cuenca

Y caminando y caminando nos habíamos metido ya en las cuatro de la tarde y solo teníamos pan y aceite, así que le dije a mi tío:

—Manolo, ¡enséñales a comer!

Comenzó entonces él a partir hermosos trozos de pan y sobre ellos vertía un abundante chorreón de espeso y verde aceite. Lo estrujaba amorosamente, con aquel arte que sus años de marginación y hambre le habían proporcionado, y se lo entregaba a los chicos. Con su mirada y su gesto silencioso les decía: «Veréis lo que es bueno». En un primer instante los chavales miraban desconsolados el trozo de pan, pero, en cuanto daban el primer bocado y sus papilas gustativas percibían aquellas exquisitas esencias fruto del trigo y la aceituna, se les oía decir:

—¡Uhhhhhh, qué rico!

Manolo era uno más entre ellos. Su mentalidad en aquellos tiempos era como un chico de diecisiete años, pero sin saber números ni letras. Sin embargo, tenía conocimientos que ellos ignoraban: les enseñaba cómo obtener el alimento del entorno que visitásemos, qué raíces eran comestibles, con qué plantas preparar una infusión con la que templar o relajar el cuerpo, cómo hacer un guiso, cómo encender un fuego en una noche fresca o una mañana desapacible, cómo efectuar nudos para que el viento no arrastrase las tiendas.

Él era feliz con ellos y ellos eran felices con él.

En los Palancares, Cuenca

Un día, recién llegados de una acampada libre, los chicos soltaron sus mochilas y se pusieron a charlar. Yo me acerqué al botiquín por si había alguna novedad.

Al salir, veo que el grupo —en el cual, claro está, se encontraba Manolo— mantenía una acalorada discusión.

Discutían y discutían cuando, de pronto, concentradas sus miradas en mí, se encaminaron silenciosos y con paso firme hacia donde yo estaba.

—Mariano —dice al llegar a mi altura Cascales—, ¿de dónde sale un centauro?

No había terminado de hacer la pregunta, cuando Manolo, llevado por el impulso que siempre le caracterizaba y sin darme tiempo a comentar nada, dice:

—Un centauro *zale* de un tío que *za follao* una yegua y ha *zalío* medio cuerpo de hombre y medio de caballo. ¡*Zí*, que lo visto yo en un libro!

Todos tenían el bachiller (o estaban a punto de terminarlo). Debían haber tratado ese tema de la mitología, pero era tal el énfasis y la seguridad con que Manolo expresaba sus fundamentos que los jóvenes estudiantes parecían haber empezado a dudar de que el centauro fuese solo un personaje de cuentos mitológicos, incluso aunque estuviese avalado por sus más ilustres profesores.

Mi tío, que no sabía leer, había visto la imagen del centauro en los libros y —como eran libros— aquello tenía que ser verdad. El centauro existía. Era real. Pero, entonces, ¿quiénes eran los padres del centauro? «Pues..., ¡blanco y en botella!», pensó él.

En otra ocasión nos encontramos un perro malherido, posiblemente por luchas con otros perros o algún lobo. Nadie se podía acercar a él. Mostraba su desconfianza con la agresividad propia del que se defiende a vida o muerte.

Manolo lo convenció. No sé qué le diría, pero el perro malherido se vino en sus brazos al campamento mostrando una gran docilidad.

Al día siguiente, mientras Manolo le hablaba, pude suturar sus abundantes heridas. El perro estaba confiado: me miraba fijamente a los ojos y a Manolo de reojo, como asegurándose de que estaba allí.

Los niños se encariñaron con él y le pusieron de nombre Torca.

Me pregunto de dónde saldría aquella magia para conectar de esa manera con los niños, los adolescentes y los animales.

Su paso por Barcelona

El Mid de Can Clos

La Torre de Telecomunicaciones y el Palau San Jordi

Colina del cementerio de Montjuic a la derecha

Can Clos era un barrio habitado por obreros que en los sesenta habían llegado a Barcelona. La mayoría eran trabajadores del campo que aprendieron los oficios de la construcción. Había algunos que trabajaban en la zona franca, donde se encontraban los talleres de la SEAT.

Casi todos eran andaluces que construyeron sus casas en el sitio donde estaban los barracones que hasta entonces habían utilizado de viviendas.

Estaban agradecidos al ayuntamiento de la ciudad porque les había aportado gran ayuda con los materiales, el proyecto y la dirección de las obras.

Ellos construyeron sus casas en sábados por la tarde, domingos y festivos.

Pasados los años se construyeron nuevas viviendas en esa zona y, ya en el año noventa y dos, se llevaron a cabo las construcciones deportivas, como el Palau Sant Jordi, el estadio olímpico y todas las infraestructuras de comunicaciones.

Manolo hizo buenas migas con mis primos Antonio y Lázaro (que vivían en Can Clos), de manera que se hicieron colegas de vida y de salidas extraordinarias.

En aquella época se celebraban las carreras de Fórmula 1 en Montjuic y ellos las veían todas. Siempre encontraban un hueco para rebasar la alambrada y meterse en el circuito.

Manolo en Can Clos con mis primos Lázaro y Antonio

Encuentro en las Ramblas con Germán

Me contaba mi amigo Germán, en una de aquellas tertulias en las que, sentados en los bancos del paseo, nos recreábamos con las historias de La Fuente, una anécdota de cuando él estuvo trabajando en Barcelona. Allí había ido a probar fortuna con su trabajo de pintor.

Contaba que un día, al atardecer, estaba sentado en las Ramblas hablando con otros andaluces de las cosas y de los personajes de La Fuente.

Y claro, vinieron al caso unas cuantas anécdotas de las cosas de Manolo. Ellos se reían y le pedían que contase más. Germán no gesticulaba demasiado en sus oratorias; sin embargo, tenía arte y gracia para contar cualquier cosa.

Uno de ellos le preguntó:

—¿Y cómo es ese tío del que nos cuentas?

Germán comenzó a describir sus rasgos, su estatura, las facciones de su rostro, cuando, de pronto, se fija en un hombre que estaba llenando una garrafa de agua en la fuente de Canaletas y les dice:

—Mirad, más o menos es como ese tío que está llenando la garrafa.

Todos dirigieron su mirada al caballero en cuestión y, tras unos segundos de silencio y titubeo, Germán exclamó:

—¡Cojones, si es ese! ¡Zocaaato! ¡Qué pollas *jaces* ahí?

—Ihhhhhhhhh, viejo, llenando la majuana.

Se acercaron y, entre abrazos y apretones de manos, se preguntaron por sus vidas allí: dónde trabajaban, por dónde vivían y esas cosas propias de estas ocasiones.

Las Ramblas y la fuente de Canaletas

Desde la fuente de Canaletas hasta el barrio de Can Clos, donde vivía Manolo con mi tío Lázaro, se tardaba en llegar unos treinta y cinco minutos a paso ligero.

Su retorno lo hacía Ramblas abajo hasta la plaza de España, continuaba a la derecha —una vez pasada la Fuente Mágica—, por el poblado español, justo por la zona en que ahora está el Palacio Olímpico y el Palau San Jordi. Desde ahí se desciende junto a la ladera del cementerio hasta el barrio de Can Clos.

Como era amante de la buena agua, no le importaba ir con una garrafa de arroba al hombro durante todo ese trayecto.

Tenían agua corriente en la casa, pero Manolo hacía con gusto la caminata con tal de poder disfrutar en casa de la exquisitez que aquella fuente le proporcionaba.

De seguro que sería un agua exquisita.

Los animales y él

Animales y colegas

Hace poco dieron una noticia en los medios de comunicación. Era una de esas campañas con las que los Gobiernos intentan educar a los ciudadanos con objeto de evitar conductas poco respetuosas con los animales.

En este caso, era un artículo para avalar la Ley de Protección Animal, en el cual se informaba de que un grupo de científicos había demostrado que los animales tienen sentimientos.

Me alegré mucho de la noticia, pero lo que me resultó extraño es que eso apareciera como un descubrimiento actual.

O vivían en otro mundo o nunca habían tenido la más mínima relación con animales.

Manolo se entendía muy bien con ellos y ellos con él. Se establecía una relación de tú a tú, en la que intercambiaban cariños, bromas, provocaciones, comida, rivalidad, etc., como puede ocurrir entre dos niños amigos.

Antes de contaros episodios de Manolo con los animales, tengo que contaros sus convivencias con los animales, para así poder entender la igualdad de trato.

Teníamos un gato que, por elección propia, dormía con Manolo en su cama. A veces Manolo le esperaba y otras veces el gato era el que, apoyado en la almohada y con sinuosos movimientos de rabo, esperaba a que llegase Manolo.

En algunas ocasiones, salía el gato como un torbellino de debajo de las tapetas de la mesa o de cualquier escondite, le daba un bocado en la mano y desaparecía fugaz.

—¿Has visto? —exclamaba mi tío—. *Zerá joputa*, ji, ji, ji.

A la hora de la comida, el animal siempre estaba rondando alrededor de la mesa, pero se mantenía en el suelo, siempre que en ella estuviera mi madre, mi padre o ambos. Sin embargo, cuando por alguna circunstancia estaba Manolo comiendo solo o en mi modesta compañía, el gato se subía a la mesa y se situaba a cuarenta centímetros del plato.

—A ver qué vas *jacer*, que te conozco… —le decía.

El gato se quedaba inmóvil, solo movía los ojos y los pelitos del bigote. Manolo no dejaba de vigilarle con el rabillo del ojo, mientras la cuchara iba y venía del plato a su boca.

—Shiiiiiiiiisss, ahí quieto, que te conozco.

Advirtiendo al gato

Un día en el que Manolo estaba comiendo patatas con conejo, el gato se situó cerca del plato, en el borde de la mesa. Parecía un gato de barro. El Zocato, que en un principio no le quitaba la vista de encima, fue relajando la guardia ante la quietud del buen animal, pero, cuando estaba terminando su plato, el gato, de un zarpazo, le arrebató la tajada de conejo y salió corriendo con ella en la boca, tajada que Manolo se reservaba para el último y exquisito bocado.

Casi siempre el gato engañaba a Manolo, le hacía confiarse y luego se la jugaba.

Y en este ambiente, de toma y daca, espero que ya no os resulte extraño que el gato también fuese objeto de alguna broma pesada...

El gatito salió con el rabo perjudicado

Aquel día, mi tío tenía una muñeca dolorida y mi madre le puso la zafa sobre la mesa camilla. En ella vertió agua muy caliente y un puñado de sal, para que metiera la mano. Era una terapia eficaz y económica.

Manolo tocó el agua y exclamó:

—¡Uhhhhhhhhh, la *Vigen*, Marianito, está que pela!

Pero, como el amigo gato no podía faltar, allí que se encaramó sobre la mesa, dando vueltas alrededor de la zafa. Empezó a empujar con su cabeza la mano del Zocato pidiéndole unas caricias.

—Estate quieto que no *eztoy* yo *pa* juegos hoy —le decía al gato.

Pero este seguía demandando su atención. De pronto, en el rostro de Manolo apareció una leve sonrisa, aquella sonrisa que precedía a alguno de sus *brillantes* actos. Tomó con su mano sana la puntita del rabo del gatito juguetón y lo metió dentro del agua. ¡Miaaaaaaaaaaaauu!

Dio el gato un descomunal salto, sacudiendo con tal fuerza y velocidad la zafa que esta, con el agua ardiente, salió por los aires.

El gato salió como un torbellino. Nosotros salimos con las manos abrasadas y el hule de la mesa se arrugó como el culo de un pollo.

El gatito juguetón con la pera de la luz

Como se acostaban pronto, les daba tiempo a jugar en la cama antes de dormirse.

Sobre el cabecero tenía el Zocato un interruptor de pera para apagar y encender la luz. Esta se descolgaba sobre la almohada y el gatito se entretenía jugando con ella: ya la golpeaba con una mano, ya con la otra, ahora con las dos, ahora la sujetaba y la mordía. Desplegaba cada noche un abanico de posturas, saltos y gestos con los que Manolo se divertía.

A veces le decía:

—Ya, ya, venga, estate quieto, que tengo sueño

Pero al gatito, entusiasmado con la pera oscilante y harto de dormir durante la siesta, no había quien le parara.

Aquella vez (y única), se le ocurrió a mi tío la idea de desenroscar la tapa de la pera-interruptor, dejando los hilos eléctricos al desnudo. Tenía curiosidad por ver qué ocurría y además que al gato le sirviese en el futuro como experiencia educativa. De esta manera, en lo sucesivo mostraría más obediencia a su protector.

El gatito seguía con sus hábiles manos jugando con la pera desnuda exhibiendo los pelos de a luz, mientras Manolo esperaba y esperaba, hasta que al final mordió el interruptor, entrando en contacto los dos cables con la mucosa de su boca.

¡Miaaooooiuuuuuuuuuuuuuurrrrgggggggg!

El gato triplicó su tamaño al erizarse sus pelos y se quedó pegado al cable de la luz sobre la cabeza del Zocato, que se encontraba en la cama. El maullido fue tan intenso y prolongado que parecía no acabarse nunca. La bombilla del techo parpadeaba como en las películas de terror.

Manolo se asustó mucho (¡mucho!), pero reaccionó valientemente: tomó al gato del rabo en una acción refleja de auxilio y tiró de él con tanta fuerza que el cable pegado a su boca se desprendió de la pared, viniéndose con el gato hasta estrellarse en la pared de enfrente.

El gato quedó liberado y desaparecido. La luz también desapareció en toda la casa y aquella noche no durmieron juntos.

El perro Bobi

En la casa de la calle Mimbre, donde vivíamos y estaba la tienda, teníamos un perro al que llamábamos Bobi.

Levantaba del suelo unos cuarenta centímetros.

Se pasaba, según se le antojaba, de la casa a la tienda o de la tienda a la calle y viceversa.

Jugaba con los perros conocidos. como era el de la María Alpiste, que se llamaba Macoqui y era de un tamaño y color similar al suyo. Pero, cuando algún perro no amigo aparecía ante su vista, Bobi se crecía, levantaba su hocico al cielo y comenzaba a ladrar con tal bravura y desdén que algunos decidían alejarse. Pero, amigo..., a veces alguno de mayor tamaño y agresividad se lanzaba en dirección a Bobi dando muestra de sus violentas intenciones. Bobi se percataba y, cuando el enemigo se encontraba a una corta distancia, se ponía a gemir y se hacía el cojo. Daba un giro sobre sí mismo mostrando su pata encogida, pero sin dejar de mirar de reojo para controlar la situación.

La mayor parte de las veces, le perdonaban su atrevimiento y se alejaban con algún ladrido aclarador y en alguna ocasión se llevaba un revolcón con dentellada incluida.

Lo curioso era que, con revolcón o sin él, cuando el intruso se alejaba repetía la misma escena, sería para mostrar su pundonor o su orgullo.

Servicio militar en La Remonta

Llegó la hora del servicio militar de mi tío Manolo. Fue entonces cuando se dieron cuenta las autoridades militares de que sus apellidos no se correspondían con los de sus hermanos.

—¿Y cómo va a ser esto —se preguntó la familia—, si este es el pequeño de los cuatro: María, Lázaro, Modesta y Manolo?

Según se investigó, cuando nació Manolo mi abuelo Antonio estaba haciendo la campaña de los molinos, poniendo a punto las piedras para la molienda. Mi abuela Pilar fue a inscribirle y el funcionario en cuestión le puso los apellidos de ella sin que la mujer ni siquiera se percatara.

Cuando, en la convocatoria del servicio militar, plantearon el tema con la intención de reparar el error, les dijeron que el hombre que lo había inscrito ya había muerto y no se podía arreglar nada.

Así que, con esta discreta falta de interés por parte de unos y otros, Manolo quedó con los apellidos de su madre en el DNI.

Llegó a La Remonta como destino militar y los responsables de logística consideraron que Manolo no era hombre de armas, sino que venía predestinado para otras misiones *más sublimes*.

En un principio le destinaron al cuido de caballos, pero enseguida chocaron los caracteres señoriales de los equinos con los de Manolo. Al parecer, en otra posterior decisión del sargento le destinaron al cuido de las ovejas, que siempre fue tarea más libre y pastoril.

Manolo se hizo cargo de un rebaño de treinta y cinco ovejas. Las sacaba temprano en aquellas montañosas tierras de La Remonta.

Esta era una finca de Cantabria que compró en 1929 la Diputación de Santander y más tarde se la vendió al Ministerio de la Guerra, hoy del Ejército.

Era el depósito de sementales equinos.

Él se sentía libre con aquella nueva responsabilidad, entre otras cosas no tenía a nadie que le mandase ni le dijera cuándo salir o cuándo volver.

Cada día exploraba distintos terrenos con el fin de encontrar los mejores pastos para el ganado, con el que enseguida consiguió congeniar.

Había divisado en la distancia una zona de abundante vegetación. Era una zona poco frecuentada, fuera de carreteras o caminos que pudiesen perturbar al ganado. Así, al día siguiente, Manolo dirigió su rebaño al lugar elegido. Las ovejas percibieron en la distancia el aroma a hierba abundante y fresca, y sin mediar más indicaciones se afanaron en degustar aquel almuerzo que el Zocato les había procurado. Se situaron perfectamente alineadas en dos filas. Mientras, Manolo buscó acomodo sobre la hierba a la sombra de aquellos magníficos robles.

Quedó profundamente dormido con la satisfacción del deber cumplido.

Unos repetidos silbidos de gigante le despertaron. Siguió un chirrido de metal que helaba la sangre en las venas, y de inmediato un estruendo de golpes y balidos de los animales que acabaron por restablecerle a la cruenta realidad: el tren, en su implacable recorrido, había pasado entre las dos filas de ovejas que plácidamente pastaban junto a las vías, masacrando a más de la mitad.

Ya solo pudo observar al tren alejarse, dejando sobre las vías a unas ovejas magulladas y despojos de las otras.

Pasado este trance y con mucho miedo por lo que le pudiese pasar, Manolo se dirigió al cuartel con la mitad del ganado. Por el camino iba elaborando la respuesta adecuada que justificase aquel incidente.

Nada más llegar al cuartel, se corrió la voz de lo sucedido y el sargento responsable fue a su encuentro llevando consigo a todos los diablos.

Manolo se mantuvo firme mientras el sargento avanzaba a lo largo de aquel patio, escupiendo rayos y centellas:

—¡Soldado! ¿Qué ha pasado?

—¿Que *ka pazao*? ¿Que *ka pazao*? Ha *pazao* el tren, mi *zagento*, y porque venía de punta, que *zi* llega a venir *atravesao* me pilla a mí también, digo la polla.

Según contaba Manolo, el sargento volvió la cabeza hacia atrás para que no se le viese reír.

Le pelaron todo lo que la máquina pudo, porque al cero ya estaba, y le encerraron en el calabozo dos semanas.

No llegamos a saber si tuvo alguna otra tarea encomendada mientras estuvo en La Remonta.

Qué bien dormía

A veces se dice: «Duerme como un niño». Pues bien, en el caso de mi tío se cumplía.

No le acudían en la noche los demonios, desvelándole con las malas pasadas que el subconsciente nos juega en ocasiones a la mayoría. Debía tener la conciencia en paz. En Manolo, como casi todo lo que rodeaba sus acciones, el asunto del sueño adquiría unos matices peculiares que se desmarcaban de lo corriente.

Voy a relatar unos cuantos ejemplos:

Guardando los materiales de campamento en Sierra Nevada

Una de las excursiones que se hicieron con adolescentes de la ciudad de Toledo, coordinada por la asociación de vecinos del polígono Santa María de Benquerencia, fue a Sierra Nevada.

La expedición la formaban unos veinticinco jóvenes de ambos sexos, dos monitores jóvenes: Juan Ángel y Cristina, un servidor, como adulto responsable, y mi tío reforzando la comitiva.

Él ya me había acompañado con anterioridad en otros campamentos por la provincia de Toledo, Cuenca y Albacete.

En esta ocasión, los jóvenes viajaron en autobús desde Toledo hasta la falda de Sierra Nevada.

Cada uno llevaba en su mochila sus enseres personales. El montante del equipo, como las tiendas de campaña, los utensilios de cocina, el botiquín y demás, lo llevábamos en mi coche, un Catorce treinta con baca incluida.

El primer día de recorrido, una vez rebasado el puerto del Veleta, teníamos que pasar por unos senderos abiertos en la nieve. Esta rebasaba los tres metros en los bordes del camino. Antes de que el grupo pasase, teníamos que comprobar la consistencia de esta, ya que un desprendimiento podría enterrarnos a todos, así que Manolo se quedó en el coche a cargo de todos los enseres logísticos del grupo y Juan Ángel se quedó con el grupo de adolescentes. Cristina y yo nos adelantamos para comprobar la consistencia de la nieve.

Cuando volvimos, los jóvenes estaban pletóricos de entusiasmo, esperando el OK para continuar la marcha hacia el ventisquero del Veleta. Juan Ángel, incorporado al grupo como uno más.

Unos cien metros más abajo, estaba el coche cargado con todos los bártulos y mi tío, sentado en el asiento delantero con la ventanilla abierta y la mano agarrada al techo, se encontraba sumido en el más placentero de los sueños.

En el mitin de IU

Estábamos en campaña electoral. Las grandes corporaciones políticas realizaban sus mítines de campaña en grandes escenarios, como el salón de actos de la caja de ahorros, en los cines o teatros, en la plaza de toros o en el campo de fútbol, dependiendo de la audiencia que esperaban y de su poder adquisitivo, que generalmente está relacionado.

Uno de los candidatos de Izquierda Unida era en aquel año mi amigo, compañero y paisano Juan José. El mitin se celebraba en un modesto local llamado «de la Juventud», situado en la calle Trinidad, frente a la capillita del palacio arzobispal.

Mi tío estaba por aquel tiempo pasando conmigo una temporada en Toledo, así que el día en cuestión nos fuimos al mitin de IU, fundamentalmente para hacer bulto (como se dice) y acompañar al amigo Juanjo.

La capacidad del local sería para unas sesenta personas, más o menos.

Como casi siempre, llegamos los primeros, exceptuando al conserje, que tenía el encargo de abrir la puerta.

Nos situamos en la primera fila, a pocos metros del escenario, por llamar así aquella elevación a unos 60 centímetros del suelo del local, donde se habían instalado tres pupitres con sus respectivas sillas y un micrófono. En la parte derecha de la sala había una escalera de tres peldaños que daba a un espacio contiguo al escenario y separado de este por un tabique y una cortina, que hacía la función de puerta.

Como es habitual en estos y otros muchos casos, el encuentro comenzó con veinte minutos de retraso. Parece que esto es lo habitual, todos lo saben y llegan después de la hora convocada.

Yo, en mi atrevida ignorancia, me pregunto: ¿por qué no harán la convocatoria veinte minutos más tarde y así ninguno tenemos que esperar?

Cuando el aforo ya llegaba a unas veintidós personas, comenzó el acto.

En primer lugar, los agradecimientos por la asistencia. En esta ocasión, me sentí halagado cuando Juanjo me dedicó su mirada, haciéndome receptor directo de sus palabras y de su gesto agradecido por haber llevado también a Manolo al acto en aquel desapacible día.

Después continuaron los distintos miembros de la mesa haciendo una disertación sobre los motivos por los que había que votar a IU.

Siempre que uno tomaba la palabra hacía sus elogios al ponente que le había precedido, hacía hincapié en su empatía con lo que había expuesto y añadía otros argumentos de una manera serena y concienzuda.

Yo atendía con interés a los distintos ponentes, cuando observo que Juanjo me miraba de manera un tanto arisca, haciendo señas con los ojos hacia mi lado izquierdo donde se encontraba mi tío.

Giro la cabeza y allí estaba Manolo, como un angelico en el más profundo de sus sueños. Juanjo me miraba un tanto azarado, con cara de pocos amigos y haciéndome también gestos hacia el fondo de la sala: habían llegado lo reporteros gráficos con sus cámaras para cubrir el evento.

Di con el codo a Manolo y este se despertó suavemente, sin aspaviento alguno, pero inmediatamente me dice:

—¡Marianito, me cago en la...! ¡*Mestoy* meando!

La cara de enfado persistía en mi amigo (o examigo) Juanjo y, aunque sentí la necesidad íntima de darle una colleja a mi tenesmoso tío, le dije:

—Manolo, sube por esa escalerita que está ahí enfrente y ya verás el servicio.

Manolo cruzó por delante de los ponentes con manifiesta premura. Subió (no sin dificultad) aquellos tres altos peldaños de escalera, que no disponían de barandilla para sujetarse.

El público de la sala y los ponentes quedaron expectantes sin saber la intención de aquel hombre, desconocido para todos.

Sus dudas quedaron resueltas en breves segundos cuando la cortina que separaba el escenario de la salita contigua se abrió y apareció mi tío con la bragueta abierta y echándose mano para desenfundar su órgano evacuador.

Los ponentes, sorprendidos con aquella incursión, dejaron de hablar, sus miradas clavadas en Manolo y en mí, buscando alguna respuesta. Mi tío, más sorprendido aún que todos ellos, desapareció rápidamente de la escena.

Ahora, mi amigo político descargaba sobre mí todos los rayos del Olimpo en su mirada asesina. «Ahora tienes razones para ello», pensé yo.

Me levanté y ayudé a Manolo a bajar la escalera mientras él decía:

—¡Ahí no hay ningún váter ni pollas, Marianito!

Y juntos, con todo el protagonismo para nosotros, nos encaminamos hacia la puerta de salida.

No pudo llegar a la llave para apagar la luz de la mesita

Aquella mañana de junio íbamos a Las Rianas a escardar los pimientos.

La noche anterior habíamos estado en el cine de verano viendo *Joaquín Murrieta*. Al volver a casa, Manolo y yo entramos por la puerta del patio. De ahí pasamos a la cocina, sin encender la luz para no despertar a mis padres, que estaban durmiendo.

Sobre la mesa había un plato de fruta y un vaso lleno de agua. Yo tomé una fruta; Manolo, el vaso. Se puso bien derecho, concentrado como a él le gustaba beber. El vaso en la mano izquierda y, según elevaba el brazo lentamente, en el silencio de la noche se percibía el sonido de su pausada deglución, que saboreaba con deleite, y que acompañaba con un «uuuhhhh, buena, buena...».

Cuando casi todo el líquido elemento había desaparecido del vaso, teniéndolo ya casi en vertical a su boca, se oyó: ¡clac, clac!

—¡Me cago en la...! ¡Marianito, la *dentaura* de tu *pae*, que está ahí!

La escarda no esperaba, así que, al amanecer, pasé a su habitación a llamarlo. Al abrir la puerta, me encontré una alpargata en el suelo y la gorra al pie de la cama: Manolo estaba durmiendo profundamente sobre su lado izquierdo, con toda la ropa puesta, su pierna derecha montaba sobre la izquierda, su pie derecho calzaba la otra alpargata, la luz de la mesita de noche estaba encendida y su mano a diez centímetros del interruptor de la lámpara.

Aquella noche no pudo llevar a término su acción de apagado.

Se quedó a tan solo diez centímetros.

La bella mujer no pudo convencerle

Una mañana recibí una llamada telefónica. Ante la insistencia de la mujer que estaba al otro lado del aparato, accedí a recibirla aquella tarde en mi casa del paseo Virgen de Gracia.

Aquel día —no sé por qué circunstancia—, Antonio Galán, buen amigo de toda la familia, estaba acompañándonos en casa.

Habíamos retrasado el café de la tarde, con objeto de tomarlo con nuestra invitada de la compañía Mapfre.

A la hora exacta en que habíamos quedado, sonó el timbre. Cuando abrí la puerta, me quedé sorprendido por aquella belleza de mujer. Era delgada, alta, de un metro setenta y cinco por lo menos, vestida con un traje de chaqueta negro y una camisa blanca desabrochada hasta el punto exacto de no mostrar nada y dejar que todo se adivinase.

Lucía una larga mata de pelo colocada a un lateral de su cara, mientras la otra mitad mostraba su bello rostro y su estilizada nuca, sus labios rojos y sus negros ojos que contrastaban con su blanca piel.

Con una majestuosa sonrisa dijo:

—Hola. Habíamos quedado para tomar un café, ¿no?

—Sí, sí, es cierto. Pasa, por favor.

Mi tío hizo el ademán de levantarse para saludarla. Ella atajó:

—No se levante, por favor.

Estábamos en una cocina-comedor, separada por una encimera. A un lado estaba la mesa con sus cuatro sillas y en el otro, los muebles de cocina, con cuatro banquetas debajo de la encimera.

Antonio la saludó con amabilidad y vino conmigo para poner las tazas y alguna pasta que había comprado para la ocasión.

La bella joven, tras su presentación, comenzó su relato, enfocado a convencernos de la necesidad de hacernos una póliza de decesos. Según le dijimos, ninguno teníamos contratado con ninguna entidad ese tipo de póliza. Manolo tenía lo que se llamaba en el pueblo *el seguro de los muertos*, pero él no lo sabía, porque lo pagaba mi madre, ni tampoco lo conocía con ese moderno calificativo.

Antonio y yo vivíamos esos años en los que crees que no te vas a morir nunca. No era una necesidad que nos planteásemos. Mi tío, sin embargo, asentía con la cabeza a todo lo que la mujer decía, de manera que, de una forma gradual, ella comenzó a centrar su conversación en la atención ciega que Manolo le dispensaba.

Antonio y yo quedamos como meros espectadores.

Los gestos de la invitada eran de una gran elegancia y sutileza, no cabía duda de que había recibido una buena educación.

Ella era consciente de que su belleza y estilo le dotaban de un gran atractivo, capaz de convencer al más escéptico.

Ya solo se dirigía a Manolo. Él asentía acompañando sus gestos de un «*zí, zí, zí*», que se fue incrementando hasta que se transformó en un ligero ronquido: «zzzzzzzzzzzzzzzzz...».

La cabeza de mi tío dejó de oscilar, su barbilla quedó pegada al pecho y su rostro se tornó dulce y sereno, inmóvil sobre una de las sillas que rodeaba la mesa.

Ahora la bella joven se dirigió a nosotros:

—Bueno, quizá mejor otro día, ¿no?

—De acuerdo, cuando quieras —contesté yo.

Epílogo

Amigo lector, espero haberte transmitido las sensaciones que yo percibo cuando recuerdo las vivencias con el Zocato el Tío la Goma.

Espero y deseo que también te hayas reído con estos relatos, que transcurrían entre el drama y la comedia.

Quiero agradecer a todas las personas que le respetaron, a las que le cuidaron y a las que con él se rieron.

Aquí he de hacer un apartado a mis padres, que con él convivieron hasta que pudieron, y a mi hermana, que le apoyó y orientó en todo lo que el le dejó.

En unos aspectos, Manolo tenía limitaciones mentales, de las que él era consciente; sin embargo, tenía otros sentidos que eran superiores a la media de las personas, captaba las intenciones de la gente con la psicología propia del animal salvaje.

Aprendí de él, los efectos saludables de algunas plantas, a rentabilizar al máximo los recursos disponibles, ya que él disponía de tan pocos. Comprendí cómo se puede vivir con pocas cosas materiales, y sobre todo el valor de la risa cuando no es a costa de marginaciones o menoscabos sino fruto de la empatía más cercana.

Desde el 2006 descansa en el cementerio de Fuente Vaqueros. Ahora estoy más tranquilo, se que está acompañado. Junto a él descansa también el hijo del Pepillo Lomas, del que era buen amigo.

Termino a las seis de esta tarde en el día 24 de noviembre del año 2023.

Mario, Julia, Emma y Lucía, que la salud y la alegría os acompañen.